Birgit Thurmann

Den pädagogischen Alltag reflektieren

Danksagung
Insbesondere gilt mein Dank den Teilnehmenden unserer Weiterbildungen für ihre inspirierenden Fragen und die vielen Reflexionen, die ich in den vergangenen Jahren lesen und hören durfte. Den Entstehungsprozess dieses Textes hat Dr. Eva Burchardt von Beginn an mit Fachkenntnis und viel Geduld unterstützt. Unsere ausführlichen Diskussionsrunden waren mir eine ganz besondere Freude, auch ihr ein herzlicher Dank! Dann möchte ich meiner Kollegin Inga Hansen danken, mit der ich im Laufe der letzten Jahre zahlreiche der hier abgedruckten Reflexionsanregungen entwickelt und erprobt habe. Ebenfalls gilt mein Dank Dr. Martin Stahlmann, Dr. Gabriela Husmann sowie Hajo Löffler, die dem Manuskript durch ihre wertvollen Impulse den letzten Schliff gegeben haben.

Birgit Thurmann

Den pädagogischen Alltag reflektieren

HERDER
FREIBURG · BASEL · WIEN

MIX
Papier | Fördert gute Waldnutzung
FSC® C010798

Hermann-Herder-Str. 4, 79104 Freiburg

www.herder.de

Bei Fragen zur Produktsicherheit:
produktsicherheit@herder.de

Gestaltung: Röser MEDIA GmbH & Co. KG, Karlsruhe
Umschlagmotiv: © Xenia Artwork/shutterstock
Fotos im Innenteil S. 9: © 3D_generator – GettyImages; 27: © chronisyan – AdobeStock; 39:© MNStudio – AdobeStock; 55: © Soloviova Liudmyla – AdobeStock; 69: © psphotography – AdobeStock; 77: © ReeldealHD images – AdobeStock; 83: © Seventyfour – AdobeStock; 89: © wacomka – AdobeStock; 95: © BullRun – AdobeStock; 105: © Andrey Popov – AdobeStock

Herstellung: Graspo CZ, Zlin
Printed in the Czech Republic

ISBN Print 978-3-451-39275-7
ISBN EBook (PDF) 978-3-451-82826-3
ISBN EBook (EPUB) 978-3-451-82825-6

Inhalt

Einleitung 7

1 Grundlagen der Reflexion – was, warum, wie und wozu? 9

1.1 Was bedeutet professionelle Reflexion genau? 10
1.2 Warum ist Reflexion eine pädagogische Kernkompetenz? 11
1.3 Wie kann Reflexion Intuition und Erfahrungswissen absichern? 13
1.4 »Leiter der Schlussfolgerungen« 16
1.5 Wozu nützt regelmäßige Reflexion – lohnt der Aufwand? 21

2 Reflexionsperspektiven 27

2.1 Wodurch zeichnet sich eine „reflexionswürdige" Situation aus? 29
2.2 Reflexionsthemen generieren mit dem „Vier-Faktoren-Modell" der Themenzentrierten Interaktion (TZI) 31
2.3 Anlassbezogene versus kontinuierliche Reflexion 34
2.4 Reflexion mit wechselnden Spiegeln 36

3 Lob der Frage 39

3.1 Frage oder Tipp – was wirkt wie? 41
3.2 Die Besonderheit der „Warum-Frage" 44
3.3 Systemisch und lösungsorientiert gefragt 45

4 Systematisch reflektieren mit Reflexionszirkeln 55

4.1 What? – So What? – Now What? 57
4.2 Reflexionszirkel nach Graham Gibbs 60
4.3 Model for Structured Reflection – MSR-Modell nach Christopher Johns 62
4.4 „Kollegiale Beratung" als strukturiertes Reflexionsverfahren 65

5 Denken mit der Hand – schreibendes Reflektieren 69

5.1 Vom Sinn und Nutzen des reflektierenden Schreibens 70
5.2 Das Reflexionsjournal 71
5.3 Einsteigertools 72
5.4 Sechs-Minuten-Schreiben 75

6 Reflexionstools für den Alltag – eine kleine Auswahl 77
6.1 Arbeitskleidung 78
6.2 Das war gut! 79
6.3 Sätze vervollständigen 79
6.4 Das Reflexionsmännchen 80
6.5 Zeitreise: Wer will ich gewesen sein? (nach Harald Welzer) 81

7 Reflektieren: Werte bewusst wahrnehmen 83
7.1 Welche Werte sind mir wichtig? 84
7.2 Werte im Team entwickeln 86

8 Reflektieren: Vom Nutzen theoretischer Grundlagen 89
8.1 Eine Situation – viele Reflexionsperspektiven 91
8.2 Verschiedene „Theorie-Brillen“ und ihre Verwendung 94

9 Kompetent reflektieren 95
9.1 Modell der Reflexionsintensität 96
9.2 Qualitätskriterien für eine „gute“ Reflexion 99
9.3 Reflexion – je konkreter, umso ertragreicher 102
9.4 Reflexionen bewerten 104

Reflexion zum Abschluss: Ressourcen-Mindmap 105

Literaturverzeichnis 108

Einleitung

Man kann auf drei Wegen Weisheit erlangen:
durch Reflexion, das ist der nobelste,
durch Nachahmung, das ist der leichteste,
durch Erfahrung, das ist der bitterste.

Konfuzius

„Wir reflektieren eigentlich ständig im Team; aber woran können wir erkennen, dass eine Reflexion tatsächlich gut ist?" Diese Frage stellte mir kürzlich eine angehende Heilpädagogin. Tatsächlich beobachte ich in meiner Tätigkeit als Lehrerin an einer Fachschule für Sozial- und Heilpädagogik, dass die Studierenden sehr viel über ihre pädagogischen Erfahrungen nachdenken und sich untereinander intensiv austauschen. Wenn es aber darum geht, der Reflexion mehr Tiefe, vielleicht auch eine (selbst-)kritische Note zu verleihen oder theoretische Aspekte sowie biografische Erfahrungen in die Überlegungen einbezogen werden sollen, dann macht sich manchmal eine gewisse Ratlosigkeit breit. Der Auslöser für die Ratlosigkeit scheint nicht eine mangelnde Bereitschaft zu sein, sich mit den Themen zu beschäftigen, es wird auch nicht die Bedeutung der Reflexion infrage gestellt, aber es ist unklar, wie man vorgehen soll. Die Schwierigkeit besteht nach meiner Beobachtung darin, dass methodisches Handwerkszeug fehlt und es keine Qualitätskriterien gibt, an denen sich die Güte einer Reflexion ablesen ließe.

Auf den folgenden Seiten wird nun anhand theoretischer Grundlagen und praktischer Übungen konkret und kleinschrittig aufgezeigt, wie man (systematisch) vorgehen kann, um zu einer ertragreichen Reflexion zu kommen, und welche Aspekte insbesondere bei der Interpretation und Analyse von Erfahrungen berücksichtigt werden sollten.

Es besteht kein Zweifel, dass Reflektieren zu den pädagogischen Kernkompetenzen gehört und als Querschnittskompetenz über alle Kompetenzbereiche hinweg bedeutsam ist. Ich möchte zusätzlich betonen, dass fundierte Reflexionen nicht nur die methodische und fachliche Professionalisierung unterstützen, sondern ebenfalls einen unschätzbaren Wert zur Entlastung der pädagogischen Fachkräfte darstellen. Ein tieferes Verständnis für Ursachen und Zusammenhänge lässt vieles handhabbarer erscheinen, und die Widerstandsfähigkeit, mit herausfordernden Situationen erfolgreich umzugehen, wächst.

Der Reflexion muss also nicht nur während der Ausbildung ein hoher Stellenwert eingeräumt werden, sondern sie sollte idealerweise auch den beruflichen Alltag erfahrener Pädagog*innen begleiten. Warum **professionelles Handeln nicht ohne fundierte Reflexionen auskommt** und warum trotz hoher Belastung regelmäßiges Reflektieren die bereits erwähnte **entlastende Wirkung für die pädagogischen Fachkräfte** entfalten kann, dazu finden sich auf den folgenden Seiten verschiedenste Hinweise. Zusätzlich wird durch **zahlreiche Reflexionsanregungen** aufgezeigt, dass man sich einer fundierten Reflexion auf vielerlei Wegen nähern kann. Ausgewählte Fallbeispiele veranschaulichen zusätzlich die theoretischen Ausführungen.

Das Kernanliegen dieses Buches ist es, Pädagog*innen einzuladen, eine **Reflexionsfreude** zu entwickeln. Es soll aufgezeigt werden, dass der zeitliche Aufwand, der für tiefgründiges Reflektieren notwendig ist, durch seinen Nutzen mehrfach aufgewogen wird. Darüber hinaus möchte ich Träger von Kindertagesstätten und sozialen Einrichtungen einladen, ihren Mitarbeiter*innen die für das Reflektieren notwendige Arbeitszeit zur Verfügung zu stellen.

Ich wünsche allen Leser*innen viel Freude und ertragreiche Erkenntnisse bei den unterschiedlichen Entdeckungsreisen, zu denen dieses Buch einlädt!

1

Grundlagen der Reflexion – was, warum, wie und wozu?

In diesem Kapitel erfahren Sie

- was unter einer professionellen Reflexion zu verstehen ist
- warum pädagogische Kompetenz untrennbar mit professioneller Reflexion verbunden ist
- wie differenzierte Reflexionsprozesse intuitives Handeln und Erfahrungswissen absichern können
- wozu regelmäßiges Reflektieren nützen kann

Der Begriff der Reflexion wird in verschiedensten Kontexten mit großer Selbstverständlichkeit genutzt, und jede*r scheint zu verstehen, was damit gemeint ist. „Sobald man jedoch anfängt, Reflexion und die Bedeutung des Begriffs näher zu betrachten, kommen Verwirrung und Unklarheit auf“ (Korthage u.a. 2002, S. 55).

1.1 Was bedeutet professionelle Reflexion genau?

Tür-und-Angel-Gespräche mit Kolleg*innen, das Nachdenken über die Geschehnisse des Tages während des Heimweges oder der Bericht über ein Vorkommnis mit einem Kind werden mitunter als Reflexion bezeichnet. Welche Tiefe derartige Nachdenkprozesse allerdings erreichen, hängt wesentlich davon ab, wie der Prozess gestaltet wird. Eine einfache Unterhaltung wird dabei vermutlich weniger neue Erkenntnisse zutage fördern als eine systematisch angelegte Reflexion, die sich einer bewusst gewählten Methode sowie gezielter Reflexionsfragen bedient.

Unter einer **professionellen Reflexion** wird ein (Nach-)Denkprozess verstanden, in dem pädagogische Situationen und persönliche Erfahrungen systematisch und unter Berücksichtigung verschiedener Gesichtspunkte analysiert werden. Dies dient dazu, neue Erkenntnisse zu generieren oder bereits bestehende Vorstellungen kritisch zu überprüfen.

Ohne den Wert des kollegialen Austauschs infrage zu stellen, zeigt die Definition, dass professionelle Reflexionen weit über ein einfaches Nachdenken oder einen entsprechenden kollegialen Austausch hinausgehen. Ein professioneller Reflexionsprozess kann als **systematisch geplante „Forschungsreise“** verstanden werden, die darauf angelegt ist, ein immer tieferes und umfassenderes Verständnis für die vielen Fragen und Aspekte der pädagogischen Praxis zu entwickeln. Dazu ist es notwendig, den **Fokus,** auf den sich die Reflexion konkret beziehen soll, festzulegen, gezielte **Reflexionsfragen** zu generieren und den Nachdenk**prozess** bewusst zu gestalten.

Die Themen und Blickwinkel, die im Rahmen von Reflexionsprozessen bedeutsam werden können, sind vielfältig und immer abhängig von individuellen Wahrnehmungen und Einschätzungen. Genau diesen individuellen Einschätzungen, Themen und Blickwinkeln auf die Spur zu kommen, sie mit theoretischen Grundlagen oder bereits angelegtem Erfahrungswissen abzugleichen und daraus konkrete, möglicherweise neuartige Handlungsoptionen abzuleiten, ist das Ziel einer umfassenden und professionellen Reflexion. Zusammenfassend lässt sich sagen, dass Reflexionen einen wichtigen Beitrag dazu leisten, aus Erfahrungen zu lernen. Sie sind als dynamischer und aktiver Prozess zu verstehen, in welchem der Alltag unter verschiedenen Gesichtspunkten betrachtet und durchdacht werden kann. Insofern leisten Reflexionen einen wichtigen Beitrag zur Professionalisierung der pädagogischen Fachkräfte.

Es liegt auf der Hand, dass diese „Forschungsreise“ niemals abgeschlossen werden kann und es angesichts der großen Verantwortung den Kindern und sich selbst gegenüber notwendig ist, dieser „Forschungsarbeit“ einen angemessenen (zeitlichen) Rahmen im beruflichen Alltag einzuräumen.

In den nachfolgenden Kapiteln finden sich zahlreiche Vorschläge, wie der Reflexionsprozess gestaltet werden kann, wie Themen und geeignete Reflexionsfragen generiert werden können und mit welch unterschiedlichen Methoden man sich dem „Forschungsprojekt“ der (Selbst-)Reflexion nähern kann.

1.2 Warum ist Reflexion eine pädagogische Kernkompetenz?

Der pädagogische Alltag mit seinen vielfältigen, unvorhersehbaren und oft widersprüchlichen Situationen sowie seinem hohen Handlungsdruck fordert von den pädagogischen Fachkräften umfassende Kompetenzen, die über theoretische und methodische Kenntnisse weit hinausgehen (zur Vielfalt des pädagogischen Handlungsverständnisses vgl. Stahlmann 2000, S. 84ff.).

In pädagogischen Handlungsfeldern geht es nicht um das lehrbuchartige, automatisierte Umsetzen von einmal erlernten Techniken; das Handeln muss sich in jedem Moment neu und oft mit hohem Tempo an der jeweils vorgefundenen Situation orientieren. „Der Anspruch an die pädagogische Professionalität ist mit der Erwartung verknüpft, dass eine Fachkraft sowohl ihre theoretischen, fachlichen Wissensbestände als auch ihr reflektiertes Erfahrungswissen so zu nutzen vermag, dass sie ihr Handeln auf die je spezifischen Bedingungen und Erfordernisse situativ abstimmen kann“ (Fröhlich-Gildhoff 2014, S. 21).

Zusätzlich muss die Fachkraft in der Lage sein, ihr Handeln **vor dem Hintergrund eigener biografischer Erfahrungen** zu reflektieren. „Die Beobachtung, Analyse und Reflexion selbst erlebter und gestalteter Praxis konfrontiert professionelle Akteure immer wieder mit der je eigenen, standortverbundenen Perspektive, mit ihren biografischen Prägungen, mit Stärken und Schwächen des eigenen Kompetenzprofils“ (ebd., S. 32).

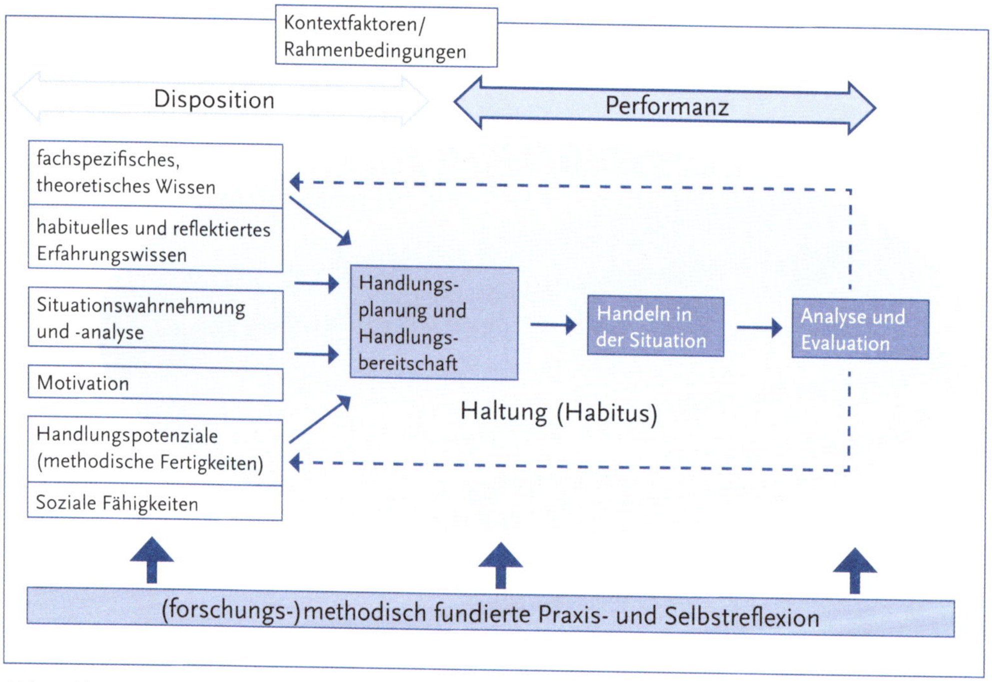

Abb. 1: Kompetenzmodell (Fröhlich-Gildhoff u.a. 2014 in: Wadepohl 2015, S. 11)

Das **Kompetenzmodell** (Abb. 1) zeigt die umfassende Bedeutung der Reflexion: Das Fundament, auf dem alle Kompetenzen aufbauen, ist eine »(forschungs-)methodisch fundierte Praxis- und Selbstreflexion«. Kein Kompetenzbereich wird davon ausgenommen. Gleichzeitig können Reflexionen als zentrales Verbindungselement zwischen dem Kompetenzbereich der Disposition[1] (Voraussetzung für pädagogisches Handeln) und dem der Performanz

1 Disposition und Performanz: zwei Seiten der gleichen Medaille. Im Bereich der Disposition werden **alle** Kompetenzen „gelagert“, die potenziell zum Einsatz kommen könnten. Die Kompetenzen befinden sich quasi im „stand-by“. Wird eine pädagogische Handlung geplant und durchgeführt, werden ausgewählte Kompetenzen aktiviert und man befindet sich im Bereich der Performanz.

(Durchführung des pädagogischen Handelns) verstanden werden. Diese Verbindung wird noch zusätzlich unterstrichen, indem pädagogische Handlungen analysiert und evaluiert werden, was dem hier beschriebenen Reflexionsprozess entspricht. Auf diese Weise werden die jeweiligen Evaluations- bzw. Reflexionsergebnisse die Kompetenzen aus dem Bereich der Disposition stetig anreichern. In der Folge ergibt sich ein spiralförmig angelegter Prozess der Kompetenzerweiterung, in welchem das reflexive Wechselspiel zwischen tatsächlich vollzogener pädagogischer Handlung und dispositioneller Kompetenz zum zentralen Faktor wird.

> Fröhlich-Gildhoff, K. u.a. (2011): Kompetenzorientierung in der Qualifizierung frühpädagogischer Fachkräfte. Weiterbildungsinitiative Frühpädagogische Fachkräfte. WiFF Expertise, Band 19. München. Kostenfrei unter: www.weiterbildungsinitiative.de/fileadmin/Redaktion/Publikationen/WiFF_Expertise_Nr_19_Froehlich_Gildhoff_ua_Internet__PDF.pdf.
>
> Eine umfassende, wissenschaftlich fundierte und gut verständliche Zusammenfassung wesentlicher Kompetenzaspekte und -modelle für den frühpädagogischen Bereich.

1.3 Wie kann Reflexion Intuition und Erfahrungswissen absichern?

Der pädagogische Alltag zeichnet sich, wie bereits erwähnt, durch einen erheblichen Handlungsdruck und den Umgang mit vielfach deutbaren Situationen aus. Erzieher*innen sind oft „gleichzeitig in mehrere Interaktionsprozesse mit Kindern verwickelt, die sich ihrerseits mit verschiedenartigen Dingen beschäftigen“ (Leu 2014, S. 22). Lehrbücher bieten in der Regel keine probaten Lösungen für die verschiedenartigen Herausforderungen des Alltags. So kann man in keinem Lehrbuch nachlesen, wie man reagieren soll, wenn die zweijährige Ella in der erhobenen linken Hand einen großen Bauklotz hat, mit der anderen Hand nach der Brio-Lok, mit der Felix gerade spielt, greift und mit spitzer Stimme und grimmigem Gesichtsausdruck „Meins!“ ruft. Wann genau, ob überhaupt und wenn, mit welchen Mitteln, eingegriffen werden sollte, erkennt der/die erfahrene Praktiker*in oft unmittelbar. Viele pädagogische Situationen werden typischerweise dank einer **gut ausgebildeten Intuition** erfolgreich gemeistert.

Man kann mit Sicherheit davon ausgehen, dass pädagogisches Handeln im Alltag zum Scheitern verurteilt wäre, würde nicht die Intuition dem/der berufserfahrenen Pädagog*in schnelles Handeln ermöglichen. Eine **gut abgesicherte Intuition** sorgt dafür, dass die zahlreichen Herausforderungen des Alltags mit einer gewissen Leichtigkeit gemeistert werden können. Die **Erfahrung** lehrt, Situationen zutreffend einzuschätzen und unmittelbar eine erfolgversprechende Handlungsstrategie auszuwählen.

Donald Schön bezeichnet dieses **intuitive bzw. implizite Wissen** als schweigendes Wissen, «tacit knowing» (1983, Pos. 791), weil es in vielen Fällen weder dem Bewusstsein unmittelbar zugänglich noch sprachlich genau zu fassen ist. Viele Praxisanleiter*innen kennen vermutlich die Situation, dass sie ihrem/ihrer Praktikant*in nur schwer erklären können, warum sie so sicher waren, dass eine pädagogische Intervention tatsächlich sinnvoll und richtig war, und es ist ebenso schwierig zu erklären, wie man überhaupt erlernen kann, Situationen schnell und zutreffend zu erfassen.

Intuition ist ein Wissen, das erst im Handeln sichtbar wird, es versetzt Praktiker*innen in die Lage, komplexe Situationen unmittelbar und erfolgreich zu bewältigen. Es wirkt für Beobachter*innen möglicherweise wie ein Handeln ohne Denken, und Erfolge scheinen sich dabei wie von Zauberhand einzustellen.

Der Intuition bzw. dem impliziten Wissen liegt offenbar ein Verständnis für Zusammenhänge zugrunde, das sich zunächst nicht auf explizit erworbene theoretische Grundlagen zu beziehen scheint. Die Einschätzung allerdings, dass Intuition ohne Denken auskommt, ist unzutreffend. Intuitives Handeln, das auf Berufserfahrung basiert, erfordert, dass zuvor in unzähligen Einzelsituationen entsprechende Hinweisreize abgespeichert wurden. Diese können bei Bedarf blitzschnell erinnert, kombiniert und dann handlungsleitend genutzt werden (vgl. Kahneman 2012, S. 23).

> **Intuitives Handeln** basiert auf der blitzschnellen Erfassung relevanter Hinweisreize und den daraus abgeleiteten Handlungsstrategien.

Bei aller Bedeutsamkeit, die der Intuition zukommt, muss ihr doch mit einer gewissen Wachsamkeit begegnet werden. Die Herausforderungen des Alltags verleiten möglicherweise dazu, einer praktisch-pädagogischen Vorgehensweise und damit einer routinierten intuitiven Bewältigung den Vorzug zu geben. Dabei besteht die Gefahr, die gleichermaßen notwendigen theoretisch-pädagogischen Reflexionen zu vernachlässigen (vgl. Leu 2014, S. 22).

Gleichzeitig muss in Betracht gezogen werden, dass sich intuitiv genutzte Berufserfahrung unbemerkt mit Ansichten, Deutungsmustern oder Glaubenssätzen vermengt, deren Ursprung in (unreflektierten) biografischen Erfahrungen zu verorten ist. Unabhängig davon, ob es sich um Alltagserfahrungen oder spezifische Berufserfahrung handelt, muss davon ausgegangen werden, dass vorbewusste und damit zunächst verborgene Persönlichkeitsanteile durchaus machtvoll das Denken, Fühlen und damit auch das intuitive pädagogische Handeln beeinflussen, wie anhand der in Kapitel 1.4 dargestellten »Leiter der Schlussfolgerungen« nachgezeichnet wird.

Reflexionen sind im Hinblick auf intuitives Handeln gerade deshalb so bedeutsam, weil sie einen Professionalisierungsprozess einleiten, bei dem die Verbindung zwischen reiner Erfahrung und theoretisch abgesichertem Grundlagenwissen stetig anwächst.

> Erst durch differenziertes Reflektieren verwandeln sich Erfahrungen in abgesicherte und dadurch **professionell nutzbare Intuition.**

Ob ein Erlebnis, eine pädagogische Situation allerdings Spuren im **Erfahrungswissen** der pädagogischen Fachkraft hinterlässt, hängt von der Intensität des Erlebnisses sowie der ihm jeweils zugeschriebenen Bedeutung ab. Es kann daher auch kein Curriculum für implizites Wissen geben, und seine Entwicklung lässt sich von außen kaum steuern. Derartige Lern- und Entwicklungsschritte müssen individuell und selbstständig vollzogen werden.

Aus diesem Grund lohnt es, sich der verschiedenen Ursprünge und Quellen der eigenen Intuition bewusst zu werden. Welche Erfahrung, welche Vorbilder, welche Informationen, welches Scheitern haben wichtige Spuren im intuitiven Wissen hinterlassen? Die folgende Reflexionsanregung ist geeignet, sich auf eine entsprechende Spurensuche zu begeben.

Timeline der Erfahrungsschätze

Der berufliche Alltag wird durchzogen von kleinen und größeren Lernanlässen, und wir sammeln im Laufe der Berufsbiografie einen entsprechenden **Erfahrungsschatz** an. Manch schwierige oder herausfordernde Situation trägt dazu bei, Lern- und Entwicklungseffekte auszulösen. Diese Erfahrungen reichern dann, insbesondere wenn sie erfolgreich bewältigt wurden, die Erfahrungsschätze an. Da der Ursprung der „Schätze“ oft in Vergessenheit gerät, lohnt es, eine Inventur der besonders gewinnbringenden Erfahrungen zu machen.

Sie intensivieren den Prozess der Inventur, wenn Sie die „Timeline der Erfahrungsschätze“ schriftlich anfertigen. Nehmen Sie ein (nicht zu kleines) Blatt im Querformat, ziehen Sie eine Linie quer über das Papier und versehen Sie diese mit entsprechenden Jahreszahlen als Orientierungspunkte – zum Beispiel das Jahr, in dem Sie Ihre Ausbildung begonnen/beendet haben, oder ein Jahr, in dem Sie die Stelle gewechselt haben. Anschließend notieren Sie in einer anderen Farbe Ihre Lern- und Entwicklungspunkte. In welcher Phase haben Sie gewichtige Erfahrungen gesammelt? Abschließend resümieren Sie, welche Erfahrungen Ihnen noch heute bei der Bewältigung des beruflichen Alltags nützen. Die folgenden Hinweise können Ihnen bei der Zusammenstellung Ihrer «Timeline» helfen:

- Gehen Sie in Gedanken Ihre Berufsjahre nacheinander durch. Beginnen Sie Ihre Erinnerungsreise in der Ausbildung, eventuell sogar davor.
- Erinnern Sie sich an herausfordernde oder besonders berührende Momente.
- Welche Kompetenz wurde in der jeweiligen Situation von Ihnen gefordert und welche Entwicklungen oder Einstellungsänderungen hat die jeweilige Erfahrung bei Ihnen angeregt? Manchmal sind es gerade die schwierigen, unangenehmen, vielleicht sogar beschämenden Situationen, die besondere Lern- und Entwicklungsmöglichkeiten bereithalten.
- Wie haben Sie sich damals verhalten? Welche Kompetenzen lassen bzw. ließen sich daraus ableiten?
- In welchen nachfolgenden beruflichen Situationen konnten Sie von den damals erworbenen Kompetenzen erneut profitieren?

1.4 »Leiter der Schlussfolgerungen«

Intuitives Handeln basiert auf kondensierter Erfahrung, deren Ursprünge sich nur schwer oder manchmal auch gar nicht entschlüsseln und entwirren lassen. Die »Leiter der Schlussfolgerungen«, auch als Inferenzleiter bekannt, wurde von dem „Vater der lernenden Organisation", Chris Argyris (zit. nach Bassot 2020, S. 76ff.), entwickelt. Er fragte sich, auf welcher Basis Menschen überhaupt zu **Entscheidungen** kommen, wie einer Erfahrung **Bedeutung** verliehen wird und welche Rolle dabei die jeweilige **Grundeinstellung** spielt. Argyris stellte fest, dass eine Entscheidungsfindung verschiedene, aufeinander aufbauende Schlussfolgerungen durchläuft, sodass unser Handeln von eben diesen unterschiedlichen Schlussfolgerungen beeinflusst wird. Zur Veranschaulichung nutzt er das Bild der Leiter (vgl. Abb. 2). Die einzelnen Stufen dieser „Leiter" werden im konkreten Handeln, vom Bewusstsein oft unbemerkt und möglicherweise in Bruchteilen von Sekunden durchlaufen. Da natürlich auch intuitives Handeln diesen (unbewussten) Einflüssen unterliegt, ist es ratsam, von Zeit zu Zeit anhand konkret ausgewählter Situationen eine kritische Prüfung der jeweiligen Einflussfaktoren vorzunehmen.

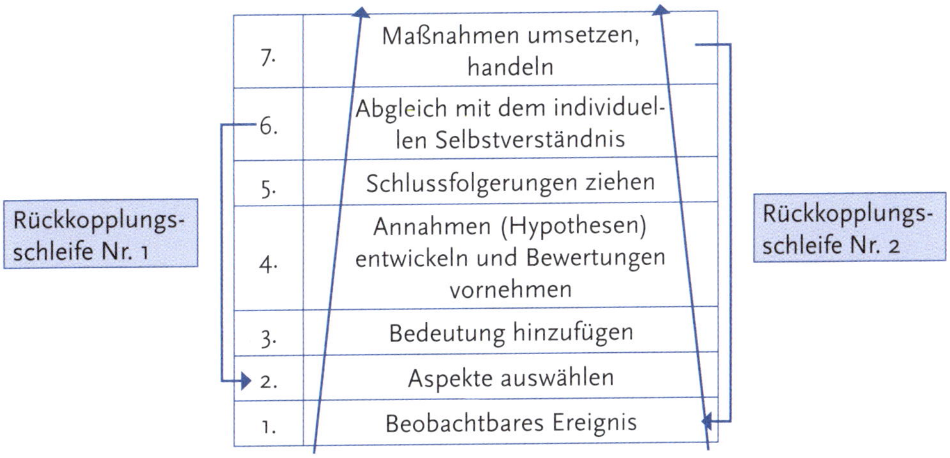

Abb.2: »Leiter der Schlussfolgerungen« (vgl. Bassot 2002, Zeichen 256)

Die Stufen im Einzelnen

1. Am Fuß der Leiter, also zu Beginn eines Wahrnehmungsprozesses, steht ein Ereignis, das im Grundsatz für jeden und jede in gleicher Weise beobachtbar wäre.
2. Da das menschliche Gehirn nicht alle eintreffenden Informationen verarbeiten kann, werden aus der Gesamtheit aller wahrnehmbaren Aspekte einige Teilaspekte ausgewählt. Nur diese Auswahl erreicht tatsächlich das Bewusstsein. Die Auswahl der Wahrnehmungen orientiert sich, zumeist unbewusst, an individuellen Bedeutungszuschreibungen, Erwartungen oder der Stärke eines Eindrucks. Möglicherweise gibt es bei der Auswahl des Wahrgenommenen auch einen Zusammenhang zu Rückkopplungsschleife 1. **Auf der Basis dieses einmal gewählten Ausschnittes der Wirklichkeit werden alle nachfolgenden Schlussfolgerungen getroffen.**
3. Nun wird der ausgewählte Aspekt der Wirklichkeit mit individuellen **Bedeutungen** angereichert. Welche Bedeutung dem Ereignis zugesprochen wird, ist wiederum abhängig von kulturellen Gegebenheiten, theoretischem Background, Vorerfahrungen, psychischer Verfasstheit oder tagesaktuellen Stimmungen, kann also individuell stark variieren.
4. Auf der Basis von Auswahl (Stufe 2) und Bedeutungszuschreibung (Stufe 3) werden jetzt Annahmen und Hypothesen entwickelt, die eine **Bewertung** der Situation ermöglichen. Was könnten zum Beispiel Ursachen für kindliche Verhaltensweisen sein oder welche Intentionen könnten die beteiligten Akteure verfolgen, und wie wird beides bewertet? Ist das Verhalten förderlich oder eher behindernd? Derartige Hypothesen und Bewertungen bereiten die nächste Stufe der Schlussfolgerungen maßgeblich vor.
5. Die auf dieser Stufe erfolgte **Schlussfolgerung** leitet sich (scheinbar) sinnvoll, logisch und zwingend aus den vorhergehenden Überlegungen ab. Auf dieser Stufe wird die Reaktion bzw. Interaktion vorbereitet.

6. Bevor es dann zur eigentlichen Handlung kommt, wird die zuvor getroffene Schlussfolgerung in das persönliche Selbstverständnis integriert. An dieser Stelle fungiert das **individuelle Werte- und Glaubenssystem** als abschließender Filter vor der eigentlichen Handlung.
7. Nun erst folgt die **pädagogische Handlung**, die sich aus den diversen Vorüberlegungen schlüssig zu ergeben scheint.

Zwei Rückkopplungsschleifen beeinflussen noch zusätzlich das Handeln: **Rückkopplungsschleife Nr. 1** sorgt dafür, dass wir überhaupt nur diejenigen Dinge wahrnehmen, die zu unseren Glaubenssätzen und Überzeugungen passen. Das bedeutet, dass auf Stufe 2 der Leiter der jeweils wahrgenommene Ausschnitt der Wirklichkeit stark von unbewussten Glaubenssätzen und Wertvorstellungen beeinflusst wird. **Rückkopplungsschleife Nr. 2** betont, dass wir auf der Suche nach „Belegen“ für unsere Überzeugungen unser Handeln auf Stufe 7 so gestalten, dass die ausgelösten Reaktionen die zuvor getroffenen Annahmen und Überzeugungen erneut bestätigen.

Das folgende **Beispiel** soll verdeutlichen, dass sich bei gleicher Ausgangslage, aber in Abhängigkeit von den Einschätzungen auf den jeweiligen Stufen der Leiter sehr unterschiedliche pädagogische Reaktionen und Maßnahmen nach einer je individuellen „Logik“ ableiten lassen. Beide Schlussfolgerungen, die der Erzieherin Lara und die des Erziehers Nils, sind pädagogisch gut zu vertreten, sie gehen nur jeweils von unterschiedlichen Vorannahmen aus.

Stufen			Kommentar
1	Beobachtbares Ereignis: Finn (3;9) sitzt mit verschränkten Armen im Gruppenraum und verkündet, dass er heute „keine Lust zu nix“ habe und deshalb auch nicht spielen würde. Der Aufforderung, sich zu setzen, um am Morgenkreis teilzunehmen, kommt er mit der gleichen Begründung nicht nach. Er bleibt in unveränderter Position an seinem Platz sitzen.		Das beobachtbare Ereignis ist für beide Erzieher*innen identisch.
	Lara	**Nils**	
2	Der trotzig-traurige Gesichtsausdruck des Kindes fällt Lara besonders auf.	Nils bemerkt insbesondere den sprachlichen Ausdruck: „keine Lust zu nix“.	Die Unterschiedlichkeit, mit der die Auswahl der beobachteten Aspekte getroffen wird, hängt mit Vorerfahrungen bzw. persönlichen Einstellungen zusammen. (Rückkopplungsschleife 1)

Stufen			Kommentar
3	Lara ist es wichtig, dass sich die Kinder wohlfühlen und möglichst fröhlich spielen. Daher ist der Gesichtsausdruck für sie bedeutungsvoll.	Nils findet den sprachlichen Ausdruck witzig und denkt ansonsten, dass Kinder halt mal so sind.	Je mehr Stufen der Leiter „erklommen“ werden, umso größer werden die Unterschiede.
4	Lara stellt Vermutungen an, welche Ursachen der traurige Gesichtsausdruck haben könnte: Finns Freund fehlt seit einer Woche, und Finn hat eine kleine Schwester bekommen. Sie entwickelt Mitleid mit Finn.	Nils geht davon aus, dass Finn testen will, was passiert, wenn er sich so verhält. Er glaubt, dass er die Grenzen seiner Autonomie erfahren möchte.	Weil Nils den traurigen Gesichtsausdruck des Kindes nicht wahrgenommen hat, deutet er das Verhalten des Kindes anders als Lara. Beide ziehen auf dieser Stufe nicht mehr in Betracht, dass ihre Interpretation des kindlichen Verhaltes auch unzutreffend sein könnte. Für sie ist ihre jeweilige Einschätzung schlüssig.
5	Lara nimmt sich vor, Nils Spielangebote zu machen und ihn genau zu beobachten. Sie zieht in Erwägung, mit der Mutter das Gespräch zu suchen.	Nils will Finn in Ruhe lassen; er beschließt, keine Angebote zu machen; Finn wird sich schon melden.	Auf der Basis der vorherigen Annahmen werden jetzt weitere Maßnahmen in den Blick genommen.
6	Lara fühlt sich in besonderer Weise für die sozial-emotionale Entwicklung der Kinder verantwortlich. Sie möchte ihnen stets das Gefühl geben, dass sie ernst genommen und mit ihren Sorgen und Nöten wahrgenommen werden.	Nils ist der Überzeugung, dass Kinder zeigen, was sie gerade benötigen und man ihnen die Freiheit geben muss, sich auszuprobieren. Er traut ihnen zu, dass sie Verantwortung für ihr Handeln und die sich daraus ergebenden Konsequenzen übernehmen können.	Als abschließender Filter vor der eigentlichen Handlung fungieren die jeweiligen pädagogischen Grundüberzeugungen, die sich bei Lara und Nils deutlich unterscheiden.

Stufen			Kommentar
7	Lara geht rechtzeitig vor dem Morgenkreis zu Finn und lädt ihn liebevoll ein, daran teilzunehmen. Er könne neben ihr sitzen oder auch auf ihrem Schoß.	Nils stellt einen Stuhl für Finn in den Kreis. Er erklärt ihm, dass er jederzeit dazukommen könne und das selbst bestimmen dürfe. Der Morgenkreis findet ohne Finn statt.	Der äußerst unterschiedliche Umgang mit der Situation resultiert vermutlich bereits aus der unterschiedlichen Wahrnehmung auf Stufe 2 der Leiter. Die weiteren Stufen lassen sich dann folgerichtig aus den vorhergehenden Entscheidungen ableiten.

Im Folgenden finden sich für jede Stufe der »Leiter der Schlussfolgerungen« einige Reflexionsfragen. Insbesondere wenn Kolleg*innen sich in ihren pädagogischen Maßnahmen als sehr unterschiedlich wahrnehmen, lohnt eine vergleichende Analyse einer ausgewählten Situation mithilfe der »Leiter der Schlussfolgerungen«. Eventuell ließe sich sogar der eine oder andere Konflikt auf diese Weise erklären und im besten Fall auflösen.

Stufen	Reflexionsfragen
1	**Beobachtbares Ereignis** ▶ Hier zählen nur die Fakten! ▶ Alle Annahmen und Vermutungen sollten beiseitegeschoben werden.
2	**Aspekte auswählen** ▶ Beschreiben Sie einige weitere Details, die Sie bisher nicht beachtet haben, weil sie Ihnen unbedeutend erschienen. ▶ Was können Sie wahrnehmen, was eventuell nicht zu Ihren Erwartungen passt?
3	**Bedeutung hinzufügen** ▶ Finden Sie mindestens eine alternative Bedeutungszuschreibung, auch wenn sie Ihnen „unsinnig“ erscheint. ▶ Versetzen Sie sich in eine der beteiligten Personen und überlegen Sie, ob sich für diese Person noch andere Bedeutungen ergeben könnten? ▶ Können Sie begründen, warum diese Bedeutung Ihnen am schlüssigsten erscheint?
4	**Annahmen und Hypothesen entwickeln sowie Bewertungen vornehmen** ▶ Passen Ihre Annahmen zu Ihren Beobachtungen auf Stufe 1 und 2? ▶ Wie bewerten Sie die Situation (z.B. positiv/negativ oder wichtig/unwichtig oder ...)? ▶ Gibt es zusätzliche Informationen, die Ihre Beurteilung beeinflussen? ▶ Welche weiteren Hypothesen, Annahmen und Bewertungen wären möglich? ▶ Was verändert sich, wenn Sie die Perspektive verändern (vgl. Kapitel 2)?

Stufen	Reflexionsfragen
5	**Schlussfolgerung ziehen** ▸ Versuchen Sie, mindestens zwei **unterschiedliche** Schlussfolgerungen zu ziehen! ▸ Welche Handlungsalternativen könnte es geben?
6	**Abgleich mit dem individuellen Selbstverständnis** ▸ Zu welchen Ihrer Grundüberzeugungen und Werten passt Ihre Schlussfolgerung? ▸ Wie würde sich Ihre Schlussfolgerung verändern, wenn Sie andere Werte zugrunde legen würden?
7	**Maßnahmen umsetzen, handeln** ▸ Wie sähe die Maßnahme aus, wenn Sie auf einer vorhergehenden Stufe eine andere Entscheidung getroffen hätten? ▸ Rückkopplungsschleifen: Hat sich bestätigt, was Sie vorher schon erwartet hatten? Suchen Sie eventuell nach Beweisen für Ihre Annahmen?

1.5 Wozu nützt regelmäßige Reflexion – lohnt der Aufwand?

Reflektieren im Sinne einer tiefgründigen Auseinandersetzung mit sich und den beruflichen Anforderungen kann phasenweise als anstrengend, eventuell aufwühlend oder auch verunsichernd erlebt werden. Allerdings kann das Aufspüren von Ursachen für Verhaltensweisen sowie Auslösern von Gefühlen oder Irritationen den beruflichen Alltag auch sehr entlasten. Reflexionen führen im besten Fall dazu, dass die Dinge klarer werden. Die eigenen Kompetenzen, die eigene Rolle oder auch äußere Bedingungen können bewusster wahrgenommen werden. Möglicherweise werden auch bestehende innere und äußere Abhängigkeiten entdeckt, und in der Folge wird ein veränderter Umgang damit entwickelt.

> **Differenzierte Reflexionen** führen im pädagogischen Alltag zu mehr Klarheit und Professionalität.

Im Folgenden werden einige Aspekte aufgelistet, die verdeutlichen, wie **vielfältig der Nutzen differenzierter und tiefgründiger Reflexionen** sein kann:

Erfahrungen werden als Lern- und Entwicklungschancen genutzt

Immer wieder werfen Situationen des Alltags Fragen auf, Verhaltensweisen von Kindern oder Kolleg*innen irritieren, man wird vielleicht von seinen eigenen Reaktionen überrascht. All diese Erfahrungen können genutzt werden, um das pädagogische Handeln kritisch zu hinterfragen, Wechselwirkungen zu analysieren oder eigene Anteile am Zustandekommen der Situationen besser zu verstehen. Auf dieser Basis lassen sich dann erweiterte oder sogar gänzlich neue Handlungsoptionen entwickeln. Regelmäßig durchgeführte Reflexionen tragen dazu bei, dass Erfahrungen genutzt werden, um die pädagogische Kompetenz stetig weiterzuentwickeln. Insofern können insbesondere irritierende Situationen als Glücksfall für die eigene Entwicklung verstanden werden.

Situationen und Erfahrungen werden multiperspektivisch betrachtet

Viele Menschen haben das Bedürfnis, möglichst genau zu verstehen, warum die Dinge so sind, wie sie sich jeweils darstellen. Es wird also nach Ursachen und Begründungszusammenhängen gesucht, auf deren Basis dann entsprechende Schlussfolgerungen gezogen werden. Dabei besteht leicht die Gefahr, die erstbeste Begründung zu nutzen, um dem Bedürfnis nach Verstehbarkeit Rechnung zu tragen. Im Rahmen von professionellen Reflexionen werden nun bewusst unterschiedliche Perspektiven und Begründungszusammenhänge nebeneinandergestellt, sodass Situationen aus einer multiperspektivischen Sicht analysiert und bewertet werden. Auf diese Weise können etwaige Deutungsroutinen proaktiv durchbrochen werden. Die Vielfalt der jeweils eingenommenen Perspektiven kann in der Folge zu deutlich erweiterten Handlungsoptionen führen.

Emotionale Reaktionen können besser verstanden und reguliert werden

Pädagogisches Handeln unter Ausschluss von Emotionen ist undenkbar. Gleichzeitig haben Emotionen eine wichtige Funktion. Sie sind maßgeblich an der Gestaltung von Beziehungen beteiligt, sie setzen für die verschiedenen Anforderungen des Alltags entsprechende Bewältigungsenergien frei und können als guter Indikator für tiefer liegende, möglicherweise unbewusste Aspekte der Persönlichkeit wertvolle Hinweise liefern. Emotionen können nur schwer verborgen werden, sie suchen auch bei gut ausgebildeter Selbstkontrolle über körpersprachliche Signale ihren Weg und werden von den Kindern entsprechend wahrgenommen und eingeordnet. Zusätzlich sind Pädagog*innen hinsichtlich des Umgangs mit eigenen Gefühlen ein wichtiges Modell für die Kinder. Insofern ist es für die pädagogische Arbeit notwendig, sich seiner Gefühle bewusst zu sein, ihre Auslöser zu kennen und sie dann auch angemessen auszudrücken und zu regulieren. Reflexionen können einen wichtigen Beitrag dazu leisten, die eigenen Gefühle differenzierter wahrzunehmen, sich gegebenenfalls bewusst zu werden, welchen (biografischen) Ursprung Emotionen haben und/oder wodurch sie in der betreffenden Situation ausgelöst wurden. In manchen Fällen können emotionale Reaktionen auch ein Hinweis auf Übertragungsreaktionen[2] sein. Die Verantwortung den Kindern (und sich selbst) gegenüber gebietet es, derartige Übertragungsmuster zu erkennen und möglichst aufzulösen. Bewusst wahrgenommene und angemessen gesteuerte emotionale Reaktionen sind hingegen für alle einschätzbar und können die ihnen zugedachte wichtige Bedeutung in der pädagogischen Arbeit einnehmen.

Wertorientierungen werden bewusster wahrgenommen und überprüft

Werte und Normen haben jeden und jede von uns seit der Kindheit geprägt. Sie werden im Rahmen des Sozialisationsprozesses internalisiert, und Denken, Fühlen und Handeln orientieren sich, möglicherweise unbewusst, an diesen Werten. Im professionellen Kontext ist es notwendig, die handlungsleitenden Werte wahrzunehmen und wo nötig kritisch zu hinterfragen. Sie prägen, bewusst oder unbewusst, erzieherische Haltungen und die daraus abgeleiteten pädagogischen Ziele. Da Werte sehr wirkmächtig sind, lohnt ein bewusster und reflexiver Umgang mit ihnen (vgl. Kapitel 7).

Alltagsroutinen bleiben lebendig und orientieren sich immer wieder neu an den Bedarfen der Kinder

Auch wenn jede pädagogische Situation neu zu bewerten ist, können viele Situationen des Alltags routiniert abgearbeitet werden. Angesichts des hohen Handlungsdrucks im Alltag besteht allerdings die Gefahr, auf „Autopilot" zu schalten. Einzigartiges wird dann ausgeblendet und ähnliche Situationen werden eventuell mit immer gleichen Maßnahmen beantwortet. Dass dies nicht dem pädagogischen Anspruch genügen kann, ist offensichtlich. Daher lohnt eine regelmäßige „Inventur" der Alltagsroutinen, um sie möglicherweise an veränderte Bedarfe anzupassen oder um durch entsprechende Reflexionen zu dem erfreulichen Ergebnis zu kommen, dass die bestehenden Routinen effektiv, effizient und mit der jeweils notwendigen Flexibilität genutzt werden.

2 Unbewusste Gefühle, Wünsche oder Verhaltensmuster aus wichtigen vergangenen Beziehungen (z.B. Eltern, Geschwister, Lehrkräfte) werden in gegenwärtigen Beziehungen aktualisiert. Kurz gesagt: Das aktuelle Verhalten orientiert sich an falschen Personen, falschem Ort, falscher Zeit!

Reflexion befördert einen achtsamen Umgang mit den eigenen Möglichkeiten

Reflexionen, insbesondere im Austausch mit Kolleg*innen, befördern einen respektvollen Umgang mit individuellen Stärken, aber auch mit persönlichen Empfindsamkeiten. Das Ziel entsprechender Reflexionen ist es, ein wohlwollendes Bewusstsein für die eigenen Möglichkeiten und Grenzen zu entwickeln. Im besten Fall entwickelt sich eine erlaubnisgebende Grundhaltung, in der sich alle Kolleg*innen mit Fehlern und Unsicherheiten zeigen können und Stärken bei sich und anderen (neidlos) anerkannt werden. Genau diese achtsame und respektvolle Offenheit ist auch dann nötig, wenn sich in der Folge entsprechender Reflexionen neue Haltungen und/oder Handlungskompetenzen entwickeln. Jede Veränderung muss nach und nach erobert werden. Die ersten Schritte fallen vielleicht noch zögerlich und unsicher aus; wie schön ist es dann, sich dabei der Unterstützung durch Kolleg*innen sicher sein zu können.

Theoretische Grundlagen werden für ein tieferes Verständnis aktiv genutzt

Ein wesentlicher Unterschied zwischen einer guten Mutter/einem guten Vater und einer professionellen Fachkraft besteht darin, dass letztere das pädagogische Handeln begründen, evaluieren und zielgenau planen kann. Theoretische Grundlagen werden im professionellen Kontext aktiv genutzt, um auf dieser Basis passgenaue Handlungsschritte abzuleiten. Insofern sind theoretische Grundlagen ein zentrales Element professioneller Analysen und Reflexionen (vgl. Kapitel 7). „Damit ein reflexives und zirkuläres Verhältnis zwischen Theorie und Praxis entstehen kann, darf dies nicht nacheinander geschehen, sondern in einem kontinuierlichen Wechselspiel: Theorie und Erfahrungswissen müssen einander fortwährend ‚befragen' und bereichern" (Fröhlich-Gildhoff 2014, S. 33f.).

Vorurteile und Deutungsroutinen werden kritisch hinterfragt

Vorurteile und „Glaubenssätze" sowie daraus resultierende Deutungsroutinen können das pädagogische Handeln unbewusst steuern und entsprechend einengen. Sie haben ihren Ursprung in der Regel in (unbewussten) biografisch geprägten Erfahrungen. Die zur Verfügung stehenden Handlungsmöglichkeiten werden durch unreflektierte Annahmen möglicherweise stark eingeschränkt und Kinder im schlimmsten Fall mit unangemessenen Erziehungszielen und -methoden konfrontiert. „Glaubenssätze können sehr bewusst und durchreflektiert sein (…). Sie können aber auch vollkommen unbewusste Generalisierung auf der Basis traumatischer Erfahrungen sein. Sie wirken wie Wahrnehmungsfilter, da sie die Tendenz haben, unsere Aufmerksamkeit auf das zu richten, was wir für glaubwürdig halten, und das unbeachtet zu lassen, was wir für unglaubwürdig halten. Dies ist auch der Grund, warum sie wie sich selbst erfüllende Prophezeiungen wirken können, da sie uns dazu bringen, uns so zu verhalten dass das von uns Geglaubte auch tatsächlich eintrifft“ (Grochowiak & Heiligtag 2002, S. 24). Sich seiner eigenen Vorannahmen bewusst zu werden, „Glaubenssätze“ aufzuspüren und gegebenenfalls aufzulösen, erscheint angesichts der hohen Verantwortung den Kindern und sich selbst gegenüber von zentraler Bedeutung.

Das folgende **Beispiel** zeigt auf, wie sich durch entsprechende Reflexionen Handlungsoptionen erweitern lassen, und wie es gelingen kann, einschränkende „Glaubenssätze“ aufzulösen. Allerdings ist zu betonen, dass solch tiefgreifende Auseinandersetzungen in der Regel langjährige Reflexionserfahrung erfordern und zudem eine hohe Bereitschaft voraussetzen, auch sehr persönliche Anteile in die Reflexion einzubeziehen.

Erzieherin Mona ist sich, ohne das jemals infrage gestellt zu haben, sicher, dass Kinder in einer ordentlichen und aufgeräumten Umgebung besonders gut spielen können. Aus diesem Grund sorgt sie dafür, dass die Kinder ihrer Gruppe alle Spiele und Bastelutensilien umgehend wieder wegräumen. Nun hat sie eine neue Kollegin bekommen, für die Ordnung einen deutlich geringeren Stellenwert hat und die sehr gerne raumgreifende und Schmutz verursachende Mal- und Bastelaktionen anbietet. Nach einigen Monaten der Zusammenarbeit mit der neuen Kollegin ist Mona sehr angestrengt und genervt.
In einem intensiven **Reflexionsprozess** widmet sie sich nacheinander den folgenden Fragen:

1. Sie fragt sich, welche **Grundüberzeugungen und Werte** die Situation prägen. Ihr wird klar, dass ihr Ordnungssinn und die Kreativität der Kollegin als unüberwindbar erscheinende Gegensätze aufeinanderprallen. Sie bemerkt zusätzlich, dass sie angesichts der unbekümmerten Art der Kollegin ihren eigenen Ordnungssinn deutlich verstärkt hat und ihre „Aufräumerei“ inzwischen tatsächlich manchmal übertrieben sein könnte.
2. Sie fragt sich in einem zweiten Schritt, ob es **Erinnerungen gibt, die ihr Verhalten beeinflusst haben.** Sie erinnert sich plötzlich an ihr Elternhaus und an den über allem stehenden Ordnungssinn ihrer Mutter. Die Auseinandersetzung mit dieser Erinnerung ermöglicht Mona, einen neuen Blick auf ihre aktuelle berufliche Situation zu werfen, und sie kann die Bedeutung der Ordnung für sich neu justieren. Sie kann denken und auch fühlen, dass eine übertriebene Ordnungsliebe kreative Prozesse schon im Keim ersticken kann. Bisher war sie in ihrem privaten und beruflichen Handeln unbewusst dem Glaubenssatz „Ordnung ist das halbe Leben“ gefolgt.
3. In der letzten Phase der Reflexion fragt sie sich, welche **Auswirkungen** es haben könnte, wenn sie diesen Glaubenssatz (zumindest phasenweise) aufgäbe. Sie stellt sich vor, wieviel leichter und zugewandter die Arbeit mit den Kindern sein könnte. Mona beschließt, zukünftig vor jeder Aufräumaktion zu überprüfen, was geschehen würde, wenn jetzt nicht aufgeräumt würde. Sie erhofft sich davon, eine realistischere Einschätzung für tatsächliche Notwendigkeiten zu entwickeln.

Glaubenssätze und Sprichworte

Mit welchen Sätzen, die sich eindeutig auf bestimmte Handlungserwartungen beziehen, wurden Sie in Ihrer Kindheit konfrontiert? Hier einige Beispiele:

- Solange du deine Beine unter meinem Tisch hast …
- Wenn der Kuchen spricht, haben die Krümel zu schweigen.
- Ohne Fleiß kein Preis!
- Erst die Arbeit, dann das Vergnügen.
- Von nichts kommt nichts!

Überlegen Sie, welche Verhaltensweisen von Ihnen als Kind erwartet wurden, wenn Sie derartige „Sprüche" gehört haben.

Gibt es möglicherweise Situationen, in denen Sie diesen Botschaften auch heute noch folgen oder speisen sich eventuell gar (unbewusst) aktuelle Erziehungsziele aus diesen übernommenen Glaubenssätzen?

- Inwieweit ist das entsprechende Verhalten (noch) sinnvoll und angemessen?
- Könnten Sie sich von der Macht dieser Botschaften befreien – und was würde sich dadurch ändern?

2 Reflexions-perspektiven

In diesem Kapitel erfahren Sie

- wie aus der Fülle von Erfahrungen „reflexionswürdige“ Episoden ausgewählt werden
- wie sich mithilfe des „Vier-Faktoren-Modells“ der TZI systematisch Reflexionsthemen generieren lassen
- wodurch sich anlassbezogene und kontinuierliche Reflexionen unterscheiden
- wodurch sich der reflexive Blick auf die Wirklichkeit verändern kann

Im Folgenden werden exemplarisch Perspektiven ausgewählt, um aufzuzeigen, wohin sich der reflexive Blick wenden kann. Welcher Aspekt dann im Einzelfall als Fokus gewählt wird, muss immer wieder neu entschieden werden. Dies stellt bereits den ersten Schritt der Reflexion dar. In manchen Fällen kann es sich als sinnvoll erweisen, eine Erfahrung oder Situation auch mehrmals unter verschiedenen Blickwinkeln zu betrachten. Die folgenden vier Perspektiven bieten sich zunächst als übergeordnete Struktur an (vgl. Bassot 2020, S. 59):

Die Kinder- bzw. Klient*innenperspektive

- Wie ließe sich die Situation mit den Augen der Kinder beschreiben?
- Was werden die Kinder später über die Situation erzählen?
- Was haben die Kinder gedacht, gefühlt? Wie haben sie gehandelt?

Die Kolleg*innenperspektive

- Welche kollegialen Themen wurden berührt?
- Würde der/die Kolleg*in ähnliche Bewertungen der Situation vornehmen?

Die eigene Perspektive

- Was habe ich selbst gedacht, gefühlt? Wie habe ich gehandelt?
- Gab es verborgene Anteile der Persönlichkeit, die plötzlich für mich bedeutsam wurden?

Die theoretische Perspektive

- Welche unterschiedlichen theoretischen Grundlagen könnten Erklärungszusammenhänge liefern?
- Was könnte nochmals nachgelesen werden?

Alle Aspekte müssen selbstverständlich in der konkreten Reflexion weiter ausdifferenziert werden.

Multiperspektivische Reflexion

Reflektieren Sie eine ausgewählte Alltagssituation unter jeder der vier genannten Perspektiven. Die dort aufgelisteten Reflexionsfragen geben erste Anhaltspunkte. Abschließend können die vier Reflexionen verglichen werden:

- Welche Unterschiede/Übereinstimmungen ergeben sich beim Vergleich der vier Reflexionsperspektiven?
- Welche Perspektive konnten Sie leicht/schwer einnehmen – woran könnte das liegen?

2.1 Wodurch zeichnet sich eine „reflexionswürdige“ Situation aus?

Die meisten Reflexionen beziehen sich auf konkrete Erlebnisse oder Erfahrungen und sind somit situationsgebunden. Aber was kennzeichnet eine Situation im sozialen Kontext? Situationen können verstanden werden als „(...) zeitlich eng gefasste (inter-) subjektive Sinneinheiten in einem konkreten Handlungsfluss“ (Tov, Kunz & Stämpfli 2016, S. 39). Für Reflexionen, die sich auf konkrete Situationen beziehen, bedeutet dies, dass der reflektorische Lichtkegel nicht zu groß gewählt werden sollte. Bereits ein kleiner, treffend gewählter Ausschnitt der erlebten Wirklichkeit kann aussagekräftige Reflexionen ermöglichen. Da es keinen feststehenden Kanon von zu reflektierenden Situationen gibt, muss eine geeignete Situation aktiv als reflexionswürdig erkannt und bestimmt werden. Insofern stellen bereits die **Auswahl** der zu reflektierenden Situation sowie ihre konkrete **Eingrenzung** den ersten wichtigen Reflexionsschritt dar.

Die **Auswahl** einer „reflexionswürdigen“ Situation ist wichtiger Bestandteil einer professionell durchgeführten Reflexion.

Themen generieren

Diese Assoziationsübung ist geeignet, um herauszufiltern, welche Aspekte des beruflichen Alltags Sie gerade besonders beschäftigen, welche Themen dabei auftauchen und welche konkrete Situation Sie mit den Themen oder Begriffen verbinden.

Nehmen Sie ein Blatt, nicht zu klein, und notieren Sie, ohne lange nachzudenken, in der Mitte des Blattes ein Stichwort, welches zu Ihrer aktuellen Stimmung passt. Nutzen Sie den ersten Begriff, der Ihnen in den Sinn kommt. Dieser Begriff berührt vermutlich etwas, das Sie gerade bewegt, auch wenn Sie im Moment überrascht sein sollten.

Lassen Sie nun Ihren Gedanken freien Lauf und assoziieren Sie weitere Begriffe, die mit dem ersten Begriff in Zusammenhang stehen könnten. Es ist nicht notwendig, dass die assoziierten Begriffe sich auf Ihren Beruf oder eine tatsächliche Situation beziehen.

Wenn sich Wortketten bilden, dann notieren Sie diese in einem Strang – ähnlich wie bei einem Mindmap. Sollten neue Ideen kommen, beginnen Sie einen weiteren Strang. Auf diese Weise entsteht eine „innere Landkarte“ Ihrer Vorstellungen zu dem eingangs gewählten Begriff.

Assoziieren Sie jetzt frei, welchen Bezug Sie zwischen den Begriffen und Ihrer aktuellen (beruflichen) Situation herstellen können. Eventuell fallen Ihnen ganz konkrete Situationen oder Erfahrungen ein, eventuell sind es auch eher übergeordnete Themen und Fragestellungen.

Variation 1: Vielleicht haben Sie abschließend Lust, einen kleinen Text oder eine kleine Geschichte zu schreiben, in der einzelne oder sogar alle Begriffe aus Ihrer „Landkarte“ vorkommen.

Variation 2: Malen Sie ein Landschaftsbild und benennen Sie Seen oder Hügel, Städte oder Dörfer mit den Begriffen, die Sie verwendet haben. Ist es eine liebliche oder eher eine raue Landschaft? Ist es dort flach oder bergig? Ist es belebt oder einsam? Abbildung 3 ist ein Beispiel für eine derartige Landschaft, die Sie eventuell zu weiteren Assoziationen und Reflexionen anregt.

(Vgl. Hagemann & Rottmann 2005, S. 122f.)

Abb. 3: Landkarte meiner Themen (www.lauf-rat.de)

2.2 Reflexionsthemen generieren mit dem „Vier-Faktoren-Modell“ der Themenzentrierten Interaktion (TZI)

Für eine Orientierung, in welche Richtungen man im Rahmen einer Reflexion seinen Scheinwerfer lenken könnte, kann das „Vier-Faktoren-Modell“ der Themenzentrierten Interaktion nach Ruth Cohn hilfreiche Impulse liefern. Die vier Faktoren sind: das ICH, das WIR, das aktuelle THEMA sowie die relevanten Kontextfaktoren, der GLOBE. Neben diesen Faktoren werden auch die jeweils zwischen ihnen entstehenden dynamischen Beziehungen in den Blick genommen.

„Gelingt es, alle vier Faktoren in der Arbeit zu berücksichtigen und auszubalancieren, fördert dies Prozesse des **lebendigen Lernens** und gelingender gemeinsamer Arbeit. Kommen einzelne Faktoren in der Arbeit zu kurz, leidet über kurz oder lang auch die inhaltliche Arbeit darunter, weil z.B. die Motivation und Beteiligung Einzelner abfällt, Streitigkeiten in der Gruppe zunehmen und angestrebte Ziele nicht erreicht werden können. Der Charme dieses einfach anmutenden Modells liegt darin, dass durch das Vier-Faktoren-Modell die ungeheure Komplexität von Prozessen in Gruppen zunächst reduziert, dadurch überschaubar und einer systematischen Analyse zugänglich gemacht wird“ (von Kanitz u.a. 2015, S. 14). Auch wenn dieses Modell ursprünglich entwickelt wurde, um die Dynamik in Gruppen zu veranschaulichen, kann es ebenfalls genutzt werden, um sich bei der Wahl der Reflexions**themen** einer gewissen Systematik zu bedienen (vgl. Reiser 1995, S. 126ff.).

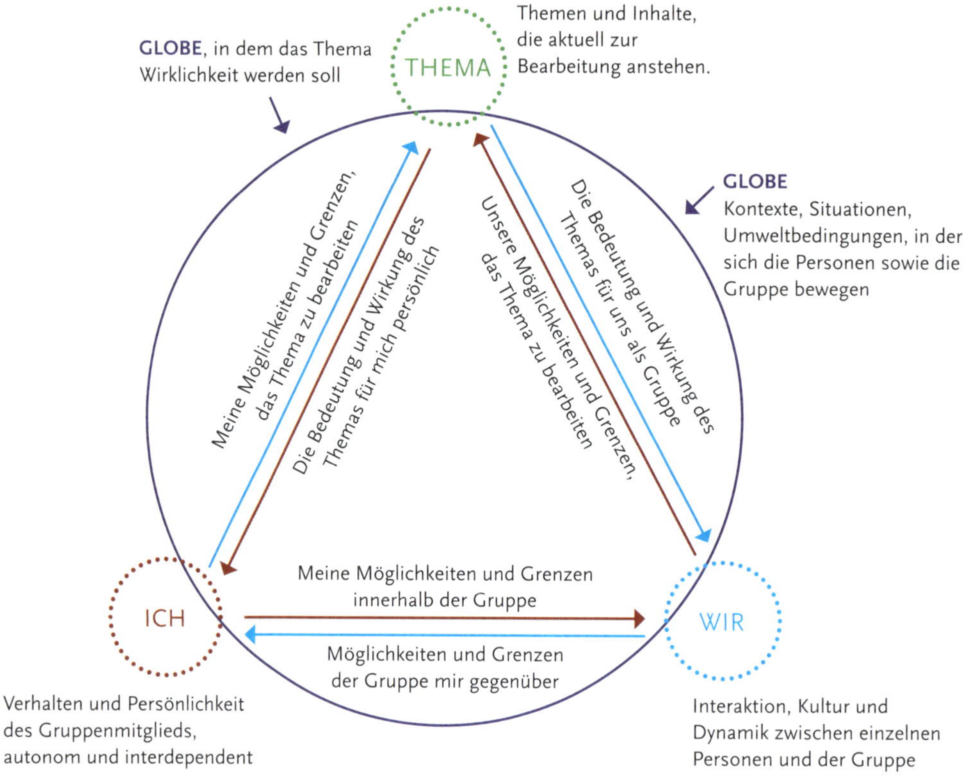

Abb. 4: »Vier-Faktoren- Modell« der TZI (Quelle: U. Pickert)

Wie die einzelnen Aspekte des „Vier-Faktoren-Modells“ im Rahmen von Reflexionen berücksichtigt werden, ist abhängig vom jeweiligen Fokus, auf den sich die Reflexion beziehen soll. Es ist möglich, die vier Faktoren einzeln zu betrachten, ergiebiger ist es in vielen Fällen, die **Dynamik** zwischen den einzelnen Aspekten in den Blick zu nehmen. Die Beschriftungen an den Punkten bzw. Achsen des „Vier-Faktoren-Modells“ in Abbildung 4 geben Hinweise, in welche Richtung sich die entsprechenden Fragen bewegen können. Dabei beziehen sich die roten bzw. blauen Pfeile auf die unterschiedlichen Dynamiken, die sich durch die jeweiligen Perspektiven ergeben.

In der Tabelle finden Sie eine Auswahl **weiterführender Reflexionsfragen** zu verschiedenen Aspekten des „Vier-Faktoren-Modells“:

Vier-Faktoren-Modell	Aspekte	Exemplarische Reflexionsfragen
ICH	Das relationale ICH: Die Person ist sich ihrer selbst *und* ihrer Bezogenheit bewusst. Sie ist in der Lage, sich dem Thema und den anderen zuzuwenden (vgl. Scharer 2017).	▶ Welche Gefühle begleiten die Arbeit? ▶ Wodurch wird Ihr Verhalten aktuell beeinflusst? ▶ Wie würden Sie Ihre Stimmung, Einstellung aktuell beschreiben? ▶ Welche Ziele verfolgen Sie aktuell?
WIR	Das WIR: eine Anzahl von Subjekten, die sich als Gruppe aufeinander beziehen. Dabei stehen Interaktion, Kultur und Dynamik der Gruppe besonders im Fokus (ebd.).	▶ Wie lassen sich die Stimmung und das Miteinander beschreiben? ▶ Wie könnte man den „Gruppenspirit“ beschreiben? ▶ Gibt es unterschiedlich dominante Gruppen- bzw. Teammitglieder? ▶ Wer hat im Team welche Rolle?
THEMA	Das THEMA beschreibt das zu bearbeitende sachbezogene Anliegen (ebd.).	▶ Welches konkrete, eingrenzbare Thema wird gerade bearbeitet? ▶ Ist das Thema allen gleichermaßen bewusst? ▶ Wie ist die Wahl des Themas zustande gekommen?
GLOBE	Der GLOBE beschreibt das Umfeld: Er beeinflusst die Einzelnen und die Gruppe in ihren Beziehungen und in ihrer sachbezogenen Arbeit (ebd.). »Wer den GLOBE nicht kennt, den frisst er!«	▶ Welche Rahmenbedingungen müssen berücksichtigt werden? ▶ Welche Auswirkungen haben Umgebungsfaktoren? ▶ Welche Umgebungsfaktoren können Sie beeinflussen, welche müssen hingenommen werden – und was bedeutet das?
ICH → THEMA	Meine Möglichkeiten und Grenzen, das Thema zu bearbeiten	▶ Was an dem Thema ist Ihnen bekannt, was ist neu? ▶ Was an dem Thema findet Ihr besonderes Interesse? ▶ Welche Möglichkeiten können Sie nutzen, um an weitere Informationen zu kommen? ▶ Gibt es etwas, das Sie bei der Bearbeitung des Themas behindert?

Vier-Faktoren-Modell	Aspekte	Exemplarische Reflexionsfragen
ICH → WIR	Meine Möglichkeiten und Grenzen, die ich der Gruppe bieten kann	▸ Welche besonderen Kompetenzen besitzen Sie, die den Gruppenprozess bereichern könnten? ▸ Woran werden Sie merken, dass die Gruppe Ihre Kompetenzen bereitwillig nutzt?
WIR → ICH	Möglichkeiten und Grenzen, die die Gruppe mir bietet	▸ Welche Bereicherungen (oder Einschränkungen) erleben Sie für sich durch die Zusammenarbeit? ▸ Wie leicht/schwer fällt es Ihnen, anzuerkennen, dass die Gruppe Ihre Ideen/Vorschläge (nicht) annimmt?
THEMA → ICH	Die Bedeutung und Wirkung des Themas für mich	▸ Inwiefern interessiert Sie das Thema? ▸ Was ändert sich für Sie dadurch, dass Sie das Thema bearbeitet haben?
Mein persönlicher GLOBE	Umwelt in unterschiedlichster Hinsicht	▸ Welche persönlichen und beruflichen Rahmenbedingungen bestimmen im Moment Ihr Leben? ▸ Welche Auswirkungen haben Umgebungsfaktoren, die Sie nicht oder nur wenig beeinflussen können, auf Ihr professionelles Handeln?

2.3 Anlassbezogene versus kontinuierliche Reflexion

Manche Fragen des Alltags lösen fast reflexartig Reflexionsprozesse aus: Was könnte der Grund dafür sein, dass ein Kind sich so oft verweigert, warum gerät man mit bestimmten Eltern immer wieder aneinander? Warum hat man selbst so große Scheu, in der Dienstbesprechung offen seine Meinung zu sagen?

Wird ein Reflexionsprozess durch derartige Irritationen ausgelöst, sind **Ziel und Gegenstand der Reflexion eindeutig und unmittelbar** zu benennen. Sie können dann vergleichsweise leicht, zum Beispiel unter Zuhilfenahme von Reflexionszirkeln (vgl. Kapitel 4), bearbeitet werden.

Es kommt aber auch vor, dass Situationen oder Erfahrungen als sehr komplex erlebt werden und/oder sich kaum präzise eingrenzen lassen. Man spürt, „da ist etwas", kann es aber nicht konkret benennen. Insofern ist auch nicht klar, welcher Spiegel zur Hand genommen werden sollte (vgl. Kapitel 2.4) oder welcher Aspekt des „Vier-Faktoren-Modells" (Kapitel 2.2) tatsächlich tragfähige Ergebnisse liefern könnte. Derartige Sachlagen sind einer systematischen Reflexion zunächst nicht unmittelbar zugänglich. Man muss das eigentliche Thema der Reflexion erst allmählich „herausschälen". In diesem Fall kann die folgende Übung hilfreich sein:

Ein Gespräch mit ...

Stellen Sie sich vor, Sie wären Sie selbst und gleichzeitig Ihre beste Freundin/Ihr bester Freund. Stellen Sie zwei Stühle auf. Nehmen Sie auf einem Stuhl Platz und berichten Sie offen und ausführlich von dem, was Sie beschäftigt. Falls Gefühle spürbar werden, benennen Sie diese. Wechseln Sie den Stuhl und reagieren Sie als Ihre beste Freundin/Ihr bester Freund: Geben Sie wieder, was Sie gehört haben und was es in Ihnen ausgelöst hat! Vielleicht haben Sie auch Ideen oder Tipps? Wechseln Sie wieder auf den ersten Stuhl und reagieren Sie, wie Sie auf den Kommentar der Freundin/des Freundes reagieren würden. Dieses Wechselspiel wiederholen Sie beliebig oft.

Der Einstieg in diese Übung erscheint Ihnen eventuell ungewohnt und komisch. Schließen Sie alle Türen, springen Sie über Ihren Schatten und versuchen Sie es. Die Wirkung könnte Sie verblüffen (Thurmann 2021b, S. 4).

Neben diesen anlassbezogenen Reflexionen lohnt es auch, den „normalen" pädagogischen Alltag zum Gegenstand der Reflexion zu machen. Zu leicht schleichen sich Routinen ein, die nicht (mehr) den eigenen professionellen Ansprüchen genügen. Ebenfalls ist denkbar, dass im „Kleinklein" des Alltags ein Bewusstsein für die eigenen Kompetenzen verlorengeht.

Der Vorteil **kontinuierlicher** Reflexionen, die sich zunächst nicht auf ein „beachtenswertes" Ereignis beziehen, besteht darin, dass man das berufliche Handeln einer regelmäßigen Inspektion unterwirft. Nach und nach werden (kleine) Ausschnitte des Alltags ausgewählt, Handlungsroutinen oder pädagogische Zielvorstellungen werden zum Beispiel im Hinblick auf Qualität, Effizienz und Effektivität überprüft. Diese Form der Reflexion erfordert ein gewisses Maß an Disziplin, denn sie muss ohne „Reflexionsdruck" vorgenommen werden, und vielleicht lohnt es deshalb, ihr einen festen Platz im Alltag zu reservieren.

Die folgenden Fragen sind als Anregung zu verstehen, was zum **Gegenstand einer kontinuierlichen Reflexion** werden könnte:

- Können Sie aus der Erinnerung beschreiben, womit die Kinder gespielt haben, als Sie die Gruppe verlassen haben? Welche Kinder fallen Ihnen sofort ein, welche nur mit Mühe? Woran könnte das liegen?
- Nennen Sie drei Dinge, die Sie immer auf diese Weise machen und die Sie auf keinen Fall ändern möchten! Woran erkennen Sie **konkret,** dass Sie damit erfolgreich sind?
- Wenn Sie selbst ein Kind wären, hätten Sie sich gerne als Erzieher*in? Warum? Warum nicht?
- Wodurch werden im beruflichen Alltag gute/schlechte Gefühle bei Ihnen ausgelöst?

Auch einige der in Kapitel 5 und 6 beschriebenen Reflexionsmethoden können genutzt werden, um regelmäßig und ohne konkreten Anlass bzw. Auslöser zu reflektieren.

Wenn ich mich daran erinnere, dann ...

Erinnern Sie sich an eine Situation – möglichst eine, die Ihnen ganz „normal" vorkam. Vervollständigen Sie die folgenden Sätze:

Wenn ich an ... denke, dann

- fühle ich, dass ...
- kommen mir folgende Gedanken: ...
- möchte ich am liebsten ...

2.4 Reflexion mit wechselnden Spiegeln

Um systematisch reflektieren zu können, muss neben der Frage, welche Ausschnitte der Wirklichkeit überhaupt genügend Stoff liefern, ebenfalls geklärt werden, wie **groß** der gewählte Ausschnitt ausfallen soll.

Mithilfe einer Spiegelmetapher wird verdeutlicht, wie vielfältig der Blick auf den pädagogischen Alltag ausfallen kann. Je nach Wahl des Spiegels werden unterschiedliche Ausschnitte der Wirklichkeit sichtbar, und der Vergrößerungsgrad des Spiegels entscheidet zusätzlich, wie detailreich eine Situation überhaupt wahrgenommen wird (vgl. Bassot 2020, S. 19ff.).

Im Folgenden finden sich zu den unterschiedlichsten Spiegeln kurze Erläuterungen und entsprechende Reflexionsfragen, sodass Fachkräfte das „Spiegelkabinett" nutzen können, um sich der pädagogischen Praxis mit unterschiedlichen Vergrößerungsgraden sowie aus verschiedenen Perspektiven zu nähern.

Der Badezimmerspiegel

Die meisten Menschen betrachten sich am Morgen nach dem Aufstehen im Spiegel. Dort stellt sich unmittelbar die Frage, ob das, was dort zu sehen ist, den eigenen Ansprüchen genügt, oder ob „Veränderungsmaßnahmen" ergriffen werden sollten. Aber zuerst wird (ungeschminkt) der aktuelle Stand der Dinge widergespiegelt! Hier einige Reflexionsfragen:

- Was sollte unbedingt so bleiben, wie es gerade ist?
- Was ließe/sollte sich kurz,- mittel-, oder langfristig verändern?
- Ist zu erwarten, dass andere mit einer Veränderung einverstanden sind?
- In wessen Einflussbereich liegen die angestrebten Veränderungen?

Der Kosmetikspiegel

Diese Art Spiegel gleicht einer Lupe und ermöglicht es, kleinste Details sehr genau wahrzunehmen. Allerdings ist jeweils nur ein winziger Ausschnitt der Wirklichkeit sichtbar. Hier einige Reflexionsfragen:

- Gab es beim Blick in diesen Spiegel Überraschungen?
- Was ist neu entdeckt worden?
- Wer muss von den Entdeckungen erfahren?
- Haben die entdeckten Details Einfluss auf das pädagogische Handeln?

Der Ganzkörperspiegel

Der großflächige Spiegel, der uns in voller Körpergröße zeigt, wird genutzt, um zu prüfen, ob die Schuhe zur Hose oder die Bluse zum Rock passen. Er ermöglicht es, sich einen Überblick zu verschaffen und Einzelaspekte zueinander in Beziehung zu setzen. Allerdings gelingt dieser ganzheitliche Blick nur aus einer gewissen Distanz. Hier einige Reflexionsfragen:

- Was wird erst durch die größere Distanz sichtbar?
- Welche Wirkung erzeugt das Gesamtbild?
- Was verliert durch eine größere Distanz an Bedeutung?
- Welche systemischen Einflüsse und Wechselwirkungen werden durch eine größere Distanz sichtbar?
- Gibt es organisationale oder gesellschaftliche Einflüsse? Inwiefern können diese aus der eigenen Rolle heraus beeinflusst werden?

Der 360°-Spiegel

Ein solcher Spiegel ermöglicht eine Ansicht, die uns normalerweise nicht möglich ist. Er stellt ein Hilfsmittel dar, Verborgenes ans Licht zu befördern. Dieser Spiegel könnte dafür stehen, dass bestimmte Reflexionen nicht ohne zusätzliche Unterstützung oder Feedback von außen vorgenommen werden können. Hier einige Reflexionsfragen:

- Welche Art von Feedback ist erwünscht?
- Welches Feedback löst Befürchtungen aus?
- Wer soll das Feedback geben?

Der Rückspiegel

Dieser Spiegel kann genutzt werden, um sicherzustellen, dass unser Vorankommen sicher ist, und/oder um zu prüfen, ob jemand von hinten drängelt. Er zeigt uns aber auch, woher wir selbst kommen. Hier einige Reflexionsfragen:

- Welche Aspekte aus der Vergangenheit müssen berücksichtigt werden?
- Welche vergangene Situation ist (unverhältnismäßig) oft präsent?
- Sitzt uns jemand im Nacken oder wird aus eigenem Antrieb gehandelt?

Der Spaßspiegel

Diese Art Spiegel verzerrt die Wirklichkeit. Im übertragenen Sinn steht der Spiegel dafür, dass Selbstreflexionen auch Zerrbilder der Wirklichkeit erzeugen können. Es lohnt sich, immer wieder zu prüfen, ob die Reflexionsergebnisse realitätsangemessen sind, oder ob die Realitätswahrnehmung durch Übertragungen oder Projektionen verzerrt wird. Hier einige Reflexionsfragen:

- Wodurch wird die Vermutung gespeist, dass es sich um ein „Zerrbild“ handeln könnte?
- Wer könnte als kritischer Freund/kritische Freundin in bei der „Entzerrung“ unterstützen?

Die Fensterscheibe

In großen Glasscheiben, zum Beispiel von Einkaufsläden, kann man sich in Bewegung, während des Laufens beobachten. Übertragen auf den Reflexionsprozess symbolisiert dieser Spiegel, dass es möglich ist, sich bereits während des Handelns zu reflektieren. Hier einige Reflexionsfragen:

- In welchen Situationen lohnt ein Blick in die Fensterscheibe?
- Welche Aspekte bleiben beim Blick in die Fensterscheibe unsichtbar?

3 Lob der Frage

In diesem Kapitel erfahren Sie

- welche Wirkung von Fragen ausgeht, im Gegensatz zu Ratschlägen
- weshalb die Frage nach dem „Warum“ oft wenig hilfreich ist
- wie anregend systemische Fragen für einen intensiven Reflexionsprozess sein können
- welche Wirkung von verschiedenen Fragetypen ausgehen kann

Über die Geduld
Wenn man die Fragen lebt, lebt man vielleicht
allmählich, ohne es zu merken,
eines fremden Tages
in die Antworten hinein.

Rainer Maria Rilke

Von Fragen kann ein Zauber ausgehen. Inspirierende Fragen können alles verändern. „Wirklich fragen heißt (…): sich mit der Ungewissheit anfreunden, sich ihr aussetzen, durchlässig werden für die Überraschung, das Rätsel und das Geheimnis. Das Denken ins Offene katapultieren, sich von der ´Festigkeit der Meinungen´ verabschieden, (…)“ (Pörksen 2020, S. 50). Kinder erobern durch Fragen die Welt. Erst geht es um Sachfragen: Was ist …? Wo ist …? Etwas ältere Kinder stellen die berühmten „Warum-Fragen“. Sie wollen wissen, was die Welt zusammenhält, und begegnen allem mit unstillbarer Neugier. Diese fragende Neugier-Haltung ist der Schlüssel zu neuen Erkenntnissen, auch in der Reflexion und nicht nur für Kinder!

Fragen sind das Herzstück einer tiefgründigen Reflexion.

Grundsätzlich gilt: Je sorgfältiger die Fragen gewählt werden, umso ertragreicher ist das Reflexionsergebnis. Es lohnt sich also, einen Blick auf die besondere Wirkung von Fragen sowie auf spezielle Frageformen zu werfen.

3.1 Frage oder Tipp – was wirkt wie?

Jeder und jede hat vermutlich schon einmal die Erfahrung gemacht, dass Situationen, die man eigentlich unbedingt vermeiden wollte, wieder und wieder in ähnlicher Weise entstehen. Man kann sich nicht genau erklären, wie man sich nun schon wieder in eine solche Situation hineinmanövriert hat, und leicht erlebt man sich als Opfer der Verhältnisse. Es erscheint dann oft praktischer, die gewohnten Pfade beizubehalten und die Probleme auf immer wieder gleiche Weise anzugehen. Wohlmeinende Ratschläge Außenstehender nerven, und selbst wenn man sie ausprobiert, funktionieren sie oft nicht.

Eine ehrliche **Veränderungsbereitschaft,** egal wie notwendig sie von außen betrachtet erscheint, stellt sich nur dann ein, wenn sie für denjenigen, der sie umsetzen soll, anschlussfähig an bisheriges Denken, Fühlen und Handeln ist. Man spricht auch davon, dass Lösungen oder Veränderungen für diejenigen, die sie umsetzen sollen, viabel (gangbar, brauchbar, passend) sein müssen. Das bedeutet, dass **Veränderungsanregungen** zwei Aspekte gleichermaßen berücksichtigen müssen:

- Sie müssen mit individuellen Vorstellungen von eigenen Wünschen, Bedürfnissen, Kompetenzen, Möglichkeiten kompatibel sein **und**
- sie müssen innovative Gedanken und Ideen anregen, um genau dieses individuelle Konstruktsystem erweitern zu können.

Hier kommt die unschätzbare Wirkung von Fragen ins Spiel. Geeignete Fragen können tiefgreifende Irritationen auslösen und genau dadurch „Denkrichtungen" ändern bzw. erweitern, sodass neuartige Gedanken, Einschätzungen oder Ideen entwickelt werden können. Pörksen spricht gar von „Wahrnehmungsrevolutionen", die durch inspirierende Fragen ausgelöst werden können. „Denn sie lassen das Vertraute fremd erscheinen und das Selbstverständliche seltsam. Sie geben den Blick auf das Neue frei" (Pörksen 2020, S. 50).

Bei aller Irritation oder Fremdheit, die durch Fragen ausgelöst werden kann, wird sich die **Antwortsuche** immer an den individuellen Wirklichkeitskonstruktionen und Möglichkeiten orientieren. Ähnlich, wie bei Organtransplantationen dafür gesorgt werden muss, dass das ehemals fremde Organ in den eigenen Organismus integriert wird, müssen Veränderungsanregungen so gestaltet sein, dass sie die „Abwehrschranke" des Systems überwinden. Jede Anregung muss also anschlussfähig sein, andernfalls wird sie „abgestoßen".

Ein Beispiel für derartige „Abstoßreaktionen" stellt zum Beispiel das in der Transaktionsanalyse beschriebene „Ja, aber ...-Spiel" dar. Viele kennen vermutlich Gespräche, in denen der/die Empfänger*in von Anregungen viel Energie darauf verwendet, die Unlösbarkeit des Problems zu verteidigen. Auf jede Anregung wird mit „Ja, aber ..." geantwortet (vgl. Gührs & Nowak 2014, S. 157). Stellt man eine Frage, dann bietet sich eine derartige Reaktion erst gar nicht an.

Allerdings sind nicht alle Fragen geeignet, tiefgreifende Reflexionen anzustoßen. Ungeeignete Fragen können auch dazu beitragen, bereits bestehende Vorstellungen zu verfestigen. Reflexionen hingegen zielen darauf, Gegebenheiten kritisch zu hinterfragen. Insofern müssen die angewendeten Fragen das Potenzial haben, altbekannte Vorstellungen infrage zu stellen und damit Denkroutinen zu stören. Hier sei auf das besondere Potenzial der systemischen Fragen (vgl. Kapitel 3.3) hingewiesen. Insbesondere diese Fragen können so verstanden werden, dass in ihnen „Angebote" versteckt sind, auf welche Weise Wirklichkeit (auch) gesehen werden kann (vgl. von Schlippe & Schweitzer 2016, S. 250). Das folgende Beispiel verdeutlicht dies:

Eine Erzieherin fragt sich im Rahmen einer Selbstreflexion, warum sie keinen richtigen Kontakt zu den Vorschulkindern aufbauen kann. Doch sind Vorstellungen und Annahmen wie „Ich bekomme keinen richtigen Kontakt zu Vorschulkindern" keine Tatsachenbeschreibungen, sondern „Konstrukte" desjenigen, der diese Aussagen tätigt. Folgender innerer Dialog könnte sich so im Rahmen eines Selbstreflexionsprozesses entspinnen:

- Warum gelingt es mir einfach nie, richtigen Kontakt zu den Vorschulkindern aufzubauen
  Kann ich mir eigentlich sicher sein, dass es tatsächlich „nie" gelingt?
- Gibt es vielleicht auch manchmal Vorschulkinder, bei denen es anders ist?
  Ja, es gibt ab und zu Vorschulkinder, zu denen ich auch Kontakt herstellen konnte.
- Was war denn in diesen Fällen anders? Woran lag es, dass es bei diesen Kindern gelang?
  Tja, das waren oft die Kinder, die ich schon länger kannte, und es waren auch eher die Kinder, die noch nicht so selbstständig waren.
- Kann es sein, dass ich das Gefühl, nicht gebraucht zu werden, verwechsele mit der Annahme, dass ich keinen „richtigen" Kontakt bekomme?
  Ja stimmt, die großen selbstständigen Kinder beachten mich vielleicht weniger, weil sie mich einfach nicht mehr brauchen, und das ist ja eigentlich auch mein Ziel, dass sie selbstständig werden. Wenn ich sie anspreche, nehmen sie auch meine Impulse auf. Mir wird klar, der Kontakt ist da, nur eben anders, weil die Kinder schon so groß sind, und meine Annahme war eigentlich unzutreffend.

Eine passende Frage kann als Einladung verstanden werden, **Neuland** zu betreten. Und es sind oft die unerwarteten und nicht leicht zu beantwortenden Fragen, die einen intensiven Reflexionsprozess in Gang setzen. Sie öffnen entsprechende Denk-, Wahrnehmungs- oder sogar Gefühlsräume – eben Neuland. Dabei geht es nicht darum, schnell eine Antwort zu finden. Auf manche Frage mag es möglicherweise gar keine eindeutige Antwort geben. Ist dann die Frage noch sinnvoll? „Ihr Sinn besteht jedoch nicht in der Antwort, sondern in der Frage selbst und in der durch sie initiierten Debatte und reflexiven Auseinandersetzung (...)" (Stahlmann 2000, S. 100). Es geht um den Suchprozess. Bisweilen hört man auf ungewöhnlich erscheinende Fragen: „Ja, da fragst du was ...!" Es gibt Fragen, die eine Verstörung auslösen, vielleicht sogar brüskieren oder ärgerlich machen. Erstaunlich oft sind es genau diese Fragen, die ertragreiche Entwicklungsenergie freisetzen. Eine treffend gestellte Frage kann Menschen aus gut eingewohnten Bereichen herauskatapultieren.

Fragen, die zunächst irritieren, stellen sich oft als besonders ertragreich heraus.

Darüber hinaus wirken Fragen wie Scheinwerfer. Sie erhellen einen ausgewählten Aspekt der Wirklichkeit und helfen dadurch, die Reflexion zu fokussieren. Insofern fungieren sie zusätzlich als „Denkgeländer", um diejenigen Dinge außer Acht zu lassen, die sich gerade nicht im Fokus der Reflexion befinden (vgl. Straß 2007, S. 36).

Voraussetzung für eine gute Reflexionskompetenz ist eine differenzierte und ausgeprägte **Fragekompetenz.** Anders als in der Supervision oder im Coaching ist es in Selbstreflexionsprozessen notwendig, sich die passenden Fragen selbst zu stellen. Einfachen Nachdenkprozessen und alltagstypischem kollegialem Austausch mangelt es oft gerade daran, passende und/oder unbequeme Fragen zu stellen. Auf der Suche nach geeigneten Fragen haben sich insbesondere die in Kapitel 3.3 ausführlicher beschriebenen systemischen und lösungsorientierten Frageformen bewährt.

Zehn Fragen an eine Situation

Beschreiben Sie eine kleine Situation, die für Sie bedeutungsvoll war. Beschreiben sie diese Erfahrung möglichst detailreich, verlassen Sie aber nicht die Ebene der reinen Beschreibung.

1. Formulieren Sie zehn Fragen, die Sie an diese Situation stellen könnten. Aber formulieren Sie keine einzige Antwort!!
2. Entscheiden Sie sich für drei Fragen, die Ihnen besonders lohnend erscheinen, und unterstreichen Sie diese Fragen.
3. Überlegen Sie sich genau, was Sie sich von der Beantwortung der Fragen erhoffen. Was soll nach der Beantwortung der Fragen möglichst klar sein? Eventuell lohnt es, auch diese Überlegungen stichwortartig zu notieren.
4. Beantworten Sie diese drei Fragen – möglichst schriftlich.

Zusammenfassend können **Fragen die folgenden Funktionen** haben. Fragen können

- Themen sichtbar machen, die zunächst noch unsichtbar im Hintergrund lagen,
- helfen, sich in komplexen Situationen auf ein Thema zu fokussieren,
- irritieren und dadurch den Impuls geben, sich neuen Sichtweisen und Perspektiven gegenüber zu öffnen,
- Erinnerungen, Assoziationen oder Analogien zu vergleichbaren Situationen bzw. Erfahrungen ermöglichen,
- Suchbewegungen auslösen, um neue Lösungen für (alte) Probleme zu finden,

- implizites Wissen, »tacit knowing« (vgl. Kapitel 1.3), ans Licht befördern und dadurch dem Bewusstsein sowie der sprachlichen Bearbeitung zuführen,
- anregen, sich vorhandener Empfindungen und Gefühle bewusst zu werden,
- Bewertungen, Deutungsroutinen und Zuschreibungen infrage stellen.

3.2 Die Besonderheit der „Warum-Frage"

Ein Fragewort, das sich oft in den Vordergrund drängelt, ist die Frage nach dem „Warum". Eine Frage, die auf eine (stichhaltige) Begründung und nicht selten auf eine Rechtfertigung zielt. Die Frage nach dem „Warum" suggeriert, dass es (einfache) kausale Begründungen geben würde. Aber derartige kausale Zusammenhänge lassen sich im pädagogischen Arbeitsfeld in der Regel nicht herstellen. Menschen, systemische Zusammenhänge und Bedingungsgefüge lassen sich nicht auf derart einfache Erklärungsmuster reduzieren. Die Frage nach dem „Warum" kann im schlimmsten Fall sogar ein „Denken in Schubladen" befördern. Hier ein kleines **Beispiel**:

> Warum ist Finja immer so laut, wenn sie spielt? Und warum ist sie so oft in Streitigkeiten verwickelt? Diese Fragen laden zu einer einfachen Antwort ein – in solchen Fällen ist häufig zu hören: Sie möchte einfach mehr Aufmerksamkeit! Im Umkehrschluss würde das bedeuten, es gibt eine eindeutig benennbare Ursache für Finjas Verhalten. Eine weitere Überprüfung der Aussage erscheint nicht notwendig. Die Ursache ist gefunden und entsprechend kann man zur Planung der pädagogischen Maßnahmen übergehen. Ist das so? Müssten nicht noch weitere Möglichkeiten in Betracht gezogen werden?

Pädagogisch ertragreicher könnten in unserem Beispiel die folgenden Fragen sein:
- Mein Eindruck ist, dass Finja immer sehr laut ist; inwiefern ist diese Einschätzung tatsächlich zutreffend? Das müsste noch einmal genauer beobachtet werden.
- In welchen Situationen kann man Finja leiser erleben – und was ist in diesen Situationen anders?
- Welche verschiedenen Ursachen könnte es haben, dass Finja oft so laut ist (sie benötigt viel Aufmerksamkeit/ihre Ohren müssten überprüft werden/sie hat Sorge, dass sie sich nicht durchsetzen kann etc.)?
- Von wem gehen die Konflikte aus? Wann genau, wodurch und mit wem entstehen die Konflikte?

Das pädagogische Arbeitsfeld zeichnet sich insbesondere dadurch aus, dass mit Ungewissheiten umgegangen und auf verkürzte Zuschreibungen verzichtet werden muss. Man kann in der Regel nicht genau wissen, warum sich jemand auf eine bestimmte Weise verhält oder warum Konflikte entstanden sind. Ebenso kann es unzählige Gründe dafür geben, warum eine Intervention nicht fruchtet.

> Die **Warum-Frage** ist gefährlich, sie provoziert (zu) einfache Antworten.

In manchen Fällen lässt sich die Frage nach dem Warum durch „inwiefern" und „inwieweit" ersetzen, was zu wesentlich ertragreicheren Überlegungen führen kann (vgl. Patrzek & Scholer 2018, S. 25). Diese beiden Frageworte weiten den Blick, wie im Folgenden exemplarisch aufgezeigt werden soll. Inwiefern unterscheiden sich die Antworten auf die sehr ähnlich klingenden Fragen, wenn lediglich das **Fragewort ausgetauscht** wurde?

- **Warum** ist es wichtig, mit der Mutter von Lisanne ein Gespräch zu führen?
- **Inwiefern** ist es wichtig, mit der Mutter von Lisanne ein Gespräch zu führen?

- **Warum** sollten wir den Ablauf des Morgenkreises verändern?
- **Inwiefern** sollten wir den Ablauf des Morgenkreises verändern?

- **Warum** ist es wichtig, jetzt schon in die Planung für das Sommerfest einzusteigen?
- **Inwieweit** ist es wichtig, jetzt schon in die Planung für das Sommerfest einzusteigen?

Fragen sind der Schlüssel zu guten Reflexionen. „Warum" zu fragen, ist oft ungünstig. Welche Fragen sind es dann, denen eine besondere Wirkung zugesprochen wird, und die auf unterschiedlichste Situationen angewendet werden können, ohne dass sie auf Zuschreibungen oder Rechtfertigung abzielen? Ein Pool von solchen Fragen findet sich in der systemischen bzw. lösungsorientierten Beratung.

3.3 Systemisch und lösungsorientiert gefragt

Ein ganzes Bündel von speziellen Frageformen wird in der systemischen bzw. lösungsorientierten Beratung genutzt. Die dort eingesetzten Fragen zeichnen sich durch ein hohes Maß an Offenheit aus. Gleichzeitig zielen sie darauf ab, intensive Denkprozesse anzuregen und eingefahrene Muster und/oder Denkroutinen aufzubrechen.

„Im systemischen Ansatz wird angenommen, dass jeweils verschiedene Wirklichkeitskonstruktionen existieren und es nicht nur eine 'richtige' Wirklichkeit gibt. In diesem Sinn wird von einer individuellen Wirklichkeitskonstruktion ausgegangen. Die unterschiedlichen Sichtweisen und Muster, die jeder Mensch im Laufe seines Lebens im Kontext seiner Wirklichkeit entwickelt, und die Auswirkungen, die diese individuellen Ansichten auf bestehende soziale Beziehungen innerhalb eines Systems haben, werden z.B. zirkulär betrachtet und erfragt“ (Hoch 2016, S. 5).

Neben der Erhellung subjektiver Wirklichkeitskonstruktionen ist es der systemischen und insbesondere der lösungsorientierten Beratung ein Anliegen, spezielle Fragen zu nutzen, um Hypothesen über eine bessere Zukunft aufzustellen bzw. zu konstruieren. Aus derartigen Visionen lassen sich dann entsprechende Lösungsmöglichkeiten und -wege ableiten. So werden zum Beispiel Fragen nach Ausnahmen (vgl. Kapitel 3.3.1) genutzt, um Anzeichen einer besseren Zukunft bereits in aktuellen oder vergangenen Situationen aufzuspüren. Grundsätzlich sind die Fragen so angelegt, dass sie an individuelle Stärken und Ressourcen anknüpfen bzw. diese möglichst konkret in den Reflexionsprozess einbeziehen.

Manche der Fragen haben eventuell eine aufrüttelnde Wirkung. Das ist vorteilhaft, weil davon auszugehen ist, dass Veränderungs- bzw. **Entwicklungsenergie** leichter zu aktivieren ist, wenn die Fragen in Denk- und Vorstellungsbereiche vorstoßen, in denen nicht schon alles vollkommen eindeutig erscheint.

Je **detailreicher und konkreter Fragen** durchdacht und beantwortet werden, umso differenzierter und ertragreicher wird die Reflexion ausfallen.

3.3.1 Fragen nach Ausnahmen

Probleme oder (störende) Verhaltensweisen bei sich selbst und anderen treten niemals «immer» auf und variieren in der Regel auch in der Intensität. Die Frage nach Ausnahmen beleuchtet genau dieses Phänomen:

- In welchen Situationen trat das Problem/Verhalten weniger stark/intensiv auf?
- Gab es in der Vergangenheit Situationen, in denen das Problem gar nicht zu beobachten war?

Leuchten Sie die Ausnahmesituationen intensiv und detailreich aus:

- Was genau war anders/besser?
- Was war der Auslöser dafür, dass es anders/besser war?
- Ließe sich die Ausnahme noch einmal herstellen?

Was soll bleiben, wie es ist?

Oft wird übersehen, dass vieles bereits gut läuft. Im Rahmen der Reflexion ist es wichtig, sich auch dieser Aspekte bewusst zu werden, um tatsächlich stärken- und ressourcenorientiert vorzugehen.

- Was sollte sich in nächster Zeit auf keinen Fall ändern?
- Wodurch laufen die Dinge so gut?
- Wer/was trägt dazu bei, dass es gut ist?

- Was können Sie dazu beitragen, dass es gut bleibt?
- Wovon können Sie noch mehr machen? Wie könnten Sie das Gute verstärken?

3.3.2 Zirkuläre Fragen

Zirkuläre Fragen werden genutzt, um (vermutete) Sichtweisen anderer Personen in die Reflexion einzubeziehen. Es wird ein gedanklicher Perspektivwechsel vorgenommen. Man blickt auf die Welt mit den Augen des/der Anderen. Man stellt Hypothesen darüber auf, was andere denken oder fühlen und welche Intentionen sie möglicherweise verfolgen **könnten.** Hier kommt es auf den Konjunktiv an! Die Vorstellungen, die sich der/die Reflektierende macht, geben eher Auskunft über dessen/deren eigene Gefühle und Gedanken, als dass sie tatsächlich etwas mit den realen Gefühlen der anderen Personen zu tun haben. Das darf auf keinen Fall verwechselt werden! Es ist sinnvoll, sich dieser Annahmen bewusst zu werden, denn sie können in erheblichem Maß die Beziehungsgestaltung beeinflussen. Es macht einen großen Unterschied, ob ich zum Beispiel davon ausgehe, dass jemand sich nur etwas ungeschickt ausgedrückt hat, oder ob ich annehme, dass mich jemand beleidigen wollte. Die Reaktion wird in beiden Fällen sehr unterschiedlich ausfallen. Eventuell ist es in bestimmten Fällen sinnvoll, die entsprechenden Hypothesen bzw. Annahmen zu überprüfen, indem die betreffenden Personen tatsächlich befragt werden.

Einige **Fragebeispiele**
- Wenn Sie eine andere Person befragen würden, was würde sie über die Situation sagen?
- Welche Annahmen haben Sie darüber, warum eine andere Person
  - dieses Gefühl gezeigt hat?
  - dieses gesagt hat?
  - so gehandelt hat?
  - ... ?
- Wer außer Ihnen bemerkt, dass Dinge gut/nicht ganz so gut laufen?
- Auch wenn die Antworten auf zirkuläre Fragen im Wesentlichen Hypothesen sind, bewirken sie doch, eigene Einstellungen, Haltungen oder Annahmen zu überprüfen.

Anna kommt aufgebracht in den Gruppenraum: „Die Mutter von Till mit ihrem ewigen Gemecker, wir würden ihren Sohn nicht genug fördern, treibt mich noch zum Wahnsinn!"

Zirkulär gefragt:

Was glaubst du, Anna, was die Eltern von Till über den Kindergarten zum Beispiel im Freundeskreis erzählen?

„Ja, ich glaube, dass sie schon erzählen, dass wir sehr liebevoll mit den Kindern umgehen, dass wir aber oft zu viel Freispiel anbieten und dass wir zu wenig gezielte Projekte durchführen."

Glaubst du, dass sich die Eltern in ihrer Einschätzung einig sind?

„Nein, ich glaube, dass die Mutter sehr ehrgeizig ist und dass sie unbedingt möchte, dass ihr Kind maximal gefördert wird. Der Vater ist da viel lockerer. Ihm ist in erster Linie wichtig, dass es dem Sohn gutgeht und er fröhlich vom Kindergarten erzählt."

Die Mutter von Ahmad und die Mutter von Till reden ja oft miteinander. Glaubst du, dass sie auch darüber sprechen, ob die Kinder genug gefördert werden?

„Ja, das glaube ich, und ich vermute, dass die Mutter von Ahmad berichtet, was wir ihm alles anbieten, aber Ahmad benötigt diese zusätzlichen Anreize und ist dabei komplett selbstständig, das würde Till so nicht bewältigen und er zeigt auch gar kein Interesse."

Wenn du, Anna, dir deine Antworten jetzt noch einmal anschaust, welche Handlungsmöglichkeiten ergeben sich für dich?

„Ich könnte ein Elterngespräch anbieten, würde unbedingt den Vater dazu einladen und dann aus dem Alltag berichten. Ich könnte auch aufzeigen, welche Förderung im Freispiel verborgen ist, und wie wichtig es ist, dass Till so vergnügt und freudig die Möglichkeiten des Freispiels nutzt."

3.3.3 Skalierungsfragen

Die Intensität etwa von Gefühlen kann stark variieren. Hier ist es sinnvoll, sich zu fragen, wie stark ein Gefühl tatsächlich empfunden wird oder wie sehr ein Konflikt wirklich belastet. Da es dafür oft keine exakten verbalen Beschreibungen oder objektivierbare Maßeinheiten gibt, kann eine Skalierung hilfreich sein.

Bei diesen Fragen ist es wichtig, zunächst die beiden Extrempole zu bestimmen: 1 steht für die schwächste und 10 für die stärkste vorstellbare Ausprägung. Anschließend wird überlegt, auf welcher Stufe zwischen 1 und 10 man sich aktuell befindet. Dieser Wert dient als Ausgangsbasis bzw. Ankerwert für weitere Einschätzungen.

Einige **Fragebeispiele:**

- Wie schätzen Sie die Intensität eines Problems auf einer Skala von 1 bis 10 ein, wenn 1 bedeutet, dass das Problem fast gar nicht bemerkbar ist, und 10, dass das Problem fast Ihre Vorstellungskraft sprengt? Wo stehen Sie aktuell?

- Was müsste sich ändern, damit Sie nur eine einzige Stufe in Richtung Verbesserung gehen könnten?
- Wie kommt es, dass das Problem Sie nicht noch ein bis zwei Stufen stärker belastet?
- Was könnten Sie oder jemand anders dazu beitragen, dass der Wert auf der Skala sich ändert?

3.3.4 Reframing

Unter Reframing versteht man eine Umdeutung. Ereignisse, Aussagen oder auch Persönlichkeitszüge bekommen einen anderen Rahmen und entfalten schon durch diesen Perspektivwechsel eine andere Wirkung. Es ändern sich also nicht die Dinge an sich, sondern der Kontext, in dem die Dinge gesehen und bewertet werden. Ein zunächst negativ konnotiertes Erlebnis kann zum Beispiel durch die neue Rahmung positiver bewertet werden. Hier zwei Beispiele:
Ich mach es mir immer unnötig schwer!
Reframing: Ich bin sehr genau und habe das Bedürfnis, die Dinge gut zu machen. Das ist manchmal anstrengend, aber dafür bin ich hinterher auch wirklich zufrieden.

Ich hebe in der Dienstbesprechung immer sofort den Finger und dann bleibt alle Arbeit an mir hängen!
Reframing: Ich bin sehr einsatzbereit und tatkräftig. Ich übernehme gerne Verantwortung, und was ich lernen muss ist, den Automatismus abzustellen. Erst nachdenken, dann (manchmal) den Finger heben!

Beispiel für ein Reframing

Vermeintliche „Schwäche“: Ich komme nach Dienstschluss nicht weg, weil ich immer noch stundenlang mit den Eltern rede und ständig gefragt werde, was die Kinder an dem Tag so gemacht haben. Ich kann einfach kein Ende finden!
Anerkennende Rückmeldung: Sie sind ein Mensch, der die Fragen der Eltern sehr ernst nimmt, und gleichzeitig wirken Sie so vertrauenswürdig, dass sich alle Eltern gerne an Sie wenden. Jetzt überlegen Sie, wie Sie sich besser schützen können und wie Sie die Gespräche abkürzen können, ohne dabei unfreundlich oder abweisend zu wirken.

Ehrliche Anerkennung für mich!

Beschreiben Sie etwas, wo Sie mit sich selbst (momentan) nicht besonders zufrieden sind. Es kann eine Kleinigkeit sein oder etwas, das Sie schon länger stört. Notieren Sie dazu zwei bis drei Sätze.

Jetzt können Sie überlegen, ob die zuvor geschilderte „Schwäche" in einem anderen Licht oder aus einem anderen Blickwinkel betrachtet auch als Stärke, Vorteil oder Kompetenz erscheinen könnte.

Diese kleine Übung kann noch ertragreicher werden, wenn Sie gemeinsam im Team durchgeführt wird: Die Beteiligten notieren, wie beschrieben, einen entsprechenden Aspekt. Dann werden die Blätter verdeckt auf einen Stapel gelegt und jede Person zieht ein Blatt (sollte es das eigene sein, einfach zurücklegen). Anschließend wird zu zweit weitergearbeitet: Sie notieren auf jedem Blatt eine Rückmeldung, in der die gefühlte „Schwäche" in eine Stärke umgewandelt wird – sie nehmen also ein „Reframing" vor.

Falls Sie möchten, können Sie als Verfasser*innen noch ihre Namen auf dem Blatt hinterlassen und legen es dann zurück auf den Stapel. Alle Beteiligten suchen sich anschließend ihr eigenes Blatt wieder aus dem Stapel heraus und lassen das Reframing auf sich wirken. Gegebenenfalls können Sie den Verfasser*innen des Refraimings noch einen Dank aussprechen oder ein Feedback geben (vgl. Schmitz 2016, S. 36f.).

3.3.5 Systemische Fragen in Aktion

In nachfolgendem Beispiel soll aufgezeigt werden, wie der Einsatz zunächst irritierend wirkender Fragen neue Wirklichkeitskonstruktionen und damit neue, bisher nicht zugängliche Lösungsansätze für ein bereits länger bestehendes Problem ermöglicht. Die ersten Gedanken dienen häufig eher einer spontanen Abwehr. Es gibt oft einen Impuls, eine Frage schnell beantworten zu wollen. Wirklich gute Fragen lassen sich hingegen oft gerade nicht leicht und schnell beantworten, tragfähige Einsichten entwickeln sich oft erst nach und nach.

Ausgangssituation: Erzieher Thomas ist Gruppenleiter einer Elementargruppe. Er ist sehr pflichtbewusst, ist immer schon einige Minuten vor Dienstbeginn vor Ort, auf ihn ist absolut Verlass. Um Punkt 9 Uhr soll der Morgenkreis beginnen, bis dahin müssen alle Kinder anwesend sein. Abweichungen vom Ablauf machen Thomas ärgerlich, und er ist deshalb schon mehrmals sowohl mit Eltern als auch mit seiner neuen und deutlich jüngeren Kollegin aneinandergeraten. Er selbst bezeichnet sich oft als pingelig, unflexibel und kleinkariert. In einer Selbstreflexion nutzt er einige der lösungsorientierten Frageformen, um sich einen entspannteren Umgang mit derartigen Situationen zu erarbeiten.

Frageform	Thomas stellt sich die folgenden Fragen:	Reflexion	Kommentar
Reframing	Könnte es einen Nutzen für die Kinder, die Eltern und auch die Kolleg*innen haben, dass ich so pingelig, unflexibel und kleinkariert bin?	Erster Gedanke: Die Pingeligkeit ist nur einschränkend und behindernd. Zweiter Gedanke: Ich bin einschätzbar, ich bin verlässlich, Dritter Gedanke: Eigentlich ist das auch gar nicht kleinkariert. Es ist genau das, was wir im QM festgehalten haben. Nur manchmal übertreibe ich und bin zu buchstabengetreu. Vermutlich ginge die Welt nicht unter, wenn ich etwas lockerer würde.	Zunächst tauchen die altbekannten Zuschreibungen auf, dann werden sie positiv umgedeutet und schließlich erwächst daraus ein weniger starrer Umgang mit eigenen Werten und Vorstellungen.
Zirkuläre Frage	Was denkt meine Kollegin über mich?	Erster Gedanke: Ich glaube, sie ist von mir total genervt. Weil ich immer so sehr darauf poche, dass die Dinge genau nach Plan ablaufen. Zweiter Gedanke: Naja, eigentlich ist sie auch froh, dass sie sich um vieles nicht kümmern muss. Wir sind sehr verschieden, und ihr würde manchmal der Ablauf aus dem Ruder laufen. Dritter Gedanke: Wenn ich immer alles übernehme, dann könnte sie sich entmündigt fühlen. Wir müssten mal Zuständigkeiten festlegen. Dann müsste ich es allerdings aushalten, wenn sie die Dinge anders macht als ich. Das wäre dann meine Entwicklungsaufgabe, Flexibilität weiter auszubauen.	Indem sich Thomas klarmacht, welche Außenwirkung sein Verhalten hat, wird ihm deutlich, dass nicht nur er von seiner Kollegin genervt ist, sondern auch umgekehrt sie von ihm. Dass die Kollegin von seiner Genauigkeit profitieren könnte, ist für ihn ein neuer Gedanke. Schließlich entwickelt er Ideen, wie Aufgaben anders verteilt werden könnten und welchen Gewinn er für seine persönliche Entwicklung daraus ziehen könnte.
Ausnahmen	Gibt es Situationen, in denen es mir besser/leichter gelingt, flexibel zu reagieren?	Erster Gedanke: Im Job müssen die verabredeten Kernpunkte eingehalten werden! Wie soll ich da flexibel reagieren? Dann liefe ja alles aus dem Ruder.	Seine (übertriebene) Regelorientierung wird ihm bewusst, und Thomas bemerkt, dass sie unangemessen ist.

Frageform	Thomas stellt sich die folgenden Fragen:	Reflexion	Kommentar
Ausnahmen		Zweiter Gedanke: Also, wenn es keine Absprachen gibt und es nicht im QM-Handbuch notiert ist, dann bin ich durchaus flexibel. Wenn ich daran denke, wie ich die Wünsche und Ideen der Kinder einbeziehe, da bin ich sehr flexibel! Dritter Gedanke: Also Flexibilität ist gar nicht mein Problem! Es ist eher so,, dass mir das Einhalten von Vereinbarungen wichtiger ist als das, was in der Situation gerade angemessen wäre. Vielleicht wäre es eine Möglichkeit, dass ich mir vor dem Morgenkreis überlege, ob es sinnvoll ist, jetzt sofort den Morgenkreis einzufordern, oder ob es auch später werden darf? Ich mache einen Realitätscheck. Also mein Bedürfnis, Vereinbarungen einzuhalten, muss sich stärker an den situativen Gegebenheiten orientieren.	Gleichzeitig entdeckt er, dass er durchaus die Fähigkeit besitzt, flexibel zu reagieren.

Das besondere Geschenk

Ratschläge und Tipps sind schnell formuliert, aber eine treffende Frage? In einem Artikel der Zeitung »Die Zeit« (2020, S. 50) wurden Politiker*innen, Schriftsteller*innen, Philosoph*innen und Künstler*innen gebeten, Fragen einzuschicken. Hier zwei Beispiele: „Was kann, soll und muss eigentlich?“ (Philipp Demand, Kunsthistoriker); „Warum fühlt es sich viel besser an, eine Sache zu kaufen als sie zu benutzen?“ (Hartmut Rosa, Soziologe).

- Welche Frage hätten Sie abgesendet?
- Verschenken Sie eine schön gestaltete Frage an jemanden, den Sie gerne mögen.
- Werden Sie zum Fragen-Sammler! Wo würden Sie die Fragen aufbewahren?
- Auf welche Frage wissen Sie keine Antwort – ohne dass Sie das belastet?
- Wann hat Sie zum letzten Mal eine Frage lange beschäftigt? Welche Frage war das und haben Sie sich bei dem Fragesteller/der Fragestellerin bedankt?

Kalender der guten Frage

Sammeln Sie Fragen, die Sie dann zum Beispiel zu einem Kalender zusammenstellen und im Teamraum aufhängen. Jede Woche wird ein Fragenkästchen geöffnet: Es gibt die »Frage der Woche« (www.coniunctum.de/tool-box/der-kalender-der-guten-fragen).

Straß, U. (2007): Hilfreiches Fragen. Praxisbuch für hilfreiche Gespräche in Lern- und Veränderungsprozessen. Norderstedt: Books on Demand GmbH

Eine leicht verständliche und praxisnahe Einführung in Umgang und Wirkung mit (hilfreichen) Fragen. Straß bezieht sich auf Beratungssettings, die Inhalte können aber ebenso auf einen Selbstreflexionsprozess angewendet werden.

Hoch, R. (2016): 400 Fragen für systemische Therapie und Beratung. Weinheim, Basel: Beltz

Die Fragen können als Inspirationsquelle genutzt werden, müssen aber an den jeweiligen pädagogischen Kontext angepasst werden.

4 Systematisch reflektieren mit Reflexionszirkeln

In diesem Kapitel finden Sie

- **drei unterschiedliche Reflexionszirkel**
- **eine tabellarische Übersicht über einen dreiphasigen Reflexionsprozess mit Qualitätshinweisen**
- **weiterführende Fragen, um der Reflexion noch mehr Tiefe zu verleihen**
- **eine Kurzbeschreibung der „Kollegialen Beratung"**

In der Reflexion geht es darum, ausgehend von spezifischen Erfahrungen oder Situationen, einen Erkenntnisprozess und im besten Fall einen Entwicklungsprozess anzuregen. Um dieses Ziel zu erreichen, hat es sich als hilfreich erwiesen, den **Reflexionsprozess** zu strukturieren. Durch mehrere, aufeinander aufbauende Phasen gewinnt der Reflexionsprozess an Tiefe. Da die letzte Phase einer Reflexion bereits erneutes Handeln vorbereitet, werden manche Reflexionsmodelle als Reflexionszirkel bezeichnet.

Die in diesem Kapitel beschriebenen Reflexionszirkel und Modelle sind geeignet, dem Reflexionsprozess die erforderliche Systematik zu verleihen. Sie bieten einen äußeren Rahmen, der durch die im vorhergehenden Kapitel beschriebenen Fragen zusätzlich angereichert werden kann. Das systematische Vorgehen erfordert allerdings ein gewisses Maß an „Denkdisziplin", zu gerne folgen Gedanken den gewohnten Pfaden. In tiefgründigen Reflexionen geht es aber gerade darum, diese Pfade zu erweitern oder (noch besser) neue Pfade zu entdecken. Insofern stellen die Reflexionszirkel Wegweiser zur Verfügung, die genutzt werden können, um den Gedanken die gewünschte Richtung zu verleihen. Auf diese Weise gelingt es, die eingangs erwähnten „Forschungsreisen" zielsicher durchzuführen. Sollte das „Reflexionsgelände" sich einmal als unwegsam erweisen, dann können die Phasen eines Reflexionszirkels helfen, den eingeschlagenen Weg dennoch weiterzuverfolgen.

Beim Vergleich unterschiedlicher Modelle lässt sich feststellen, dass sich **grundlegende Aspekte in allen Reflexionsmodellen und -zirkeln** wiederfinden (vgl. Delves-Yates 2021, S. 34ff.):

- Bezugspunkt für den gesamten Prozess der Reflexion ist eine Situation oder Erfahrung
- Eine differenzierte, detailreiche Wahrnehmung und Beschreibung der ausgewählten Begebenheit bzw. Erfahrung
- Eine möglichst differenzierte Analyse bzw. Interpretation, in der Hypothesen über Ursachen, Wechselwirkungen, Einflüsse etc. aufgestellt werden; wenn möglich, werden theoretische Grundlagen, biografische Bezüge oder relevante Kontextfaktoren in die Analyse einbezogen

- Die Entwicklung weiterführender Perspektiven und/oder neuer Handlungsoptionen auf der Basis der zuvor durchgeführten Analyse

Die hier vorgestellten Zirkel und Ablaufschemata unterscheiden sich insbesondere hinsichtlich ihrer Komplexität. Sie eignen sich zur Selbstreflexion, können aber auch als Strukturierungshilfe für den kollegialen Austausch genutzt werden. Die am Ende dieses Kapitels vorgestellte „Kollegiale Beratung" ist hier allerdings ausschließlich darauf angelegt, Reflexionsprozesse im Kollegenkreis bzw. unter Fachleuten anzuregen.

4.1 What? – So What? – Now What?

Ein übersichtliches und eingängiges Instrument ist das von Terry Borton in den 1970er Jahren entwickelte Modell „What? – So What? – Now What?". Die drei Fragen lassen sich übersetzen mit: „Was? – Was bedeutet (mir) das? (Mit „so what" ist hier nicht das trotzige „mir egal" gemeint) – Wie geht's weiter?" (vgl. Abb.5). Borton war Lehrer und entwickelte das Modell zunächst für seine Schüler*innen. Er wollte ihnen nicht nur sachbezogene Inhalte vermitteln (What?), sondern sie anregen, sich zusätzlich zum Beispiel ihrer eigenen Gefühle im Hinblick auf den Unterrichtsgegenstand bewusst zu werden (So What?), und sie ermutigen, mit Selbst**bewusstsein** ihre intellektuellen Ressourcen zu nutzen, um zukünftige Anwendungen des Wissens vorzubereiten (Now What?). Das Modell wird inzwischen nicht nur im schulischen Kontext genutzt, sondern findet sich vielfach als Anregung zum Thema Reflexion (vgl. Delves-Yates 2021, S. 20f.).

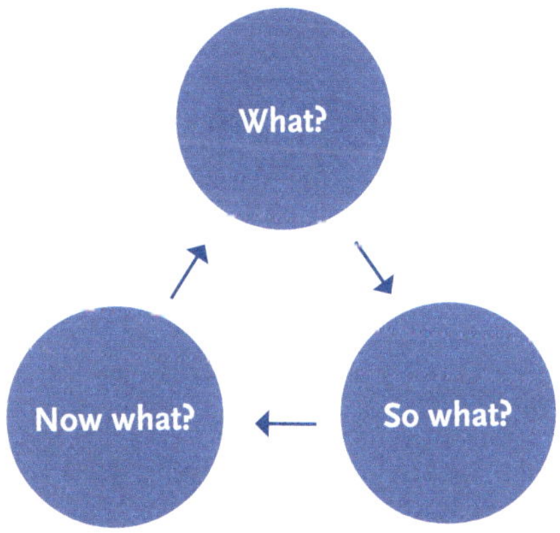

Abb. 5: Das Modell „What? –So what? – Now what?" (Delves-Yates 2021, S. 19)

Das Modell besticht zunächst durch seine Einfachheit. Es zeigt sich aber im Reflexionsprozess, dass es notwendig ist, in jeder Phase weitere, vertiefende Fragen zu entwickeln, um tatsächlich zu einer ertragreichen Reflexion zu kommen. Insofern hängt die Tiefe der Auseinandersetzung davon ab, welche Denkanregungen die jeweils weiterführenden Fragen bereithalten. In der folgenden Tabelle finden sich entsprechende Anregungen:

Phase	Reflexionsfragen
Was?	**Ereignis, auf das sich die Reflexion bezieht** Eine Beschreibung der Ausgangslage kann z.B. die folgenden Aspekte beinhalten: Was ist geschehen? Zahlen, Daten, Fakten (ZDF) In welchem Kontext hat die Situation stattgefunden? Wer ist auf welche Weise involviert? Wer hat wie reagiert?
Was bedeutet das?	**Analyse und Interpretation der Ereignisse** Inwiefern ist die Situation bedeutsam? Für wen ist sie bedeutsam? Welche Gedanken und Gefühle waren beteiligt? Welche theoretischen Grundlagen können zur Analyse genutzt werden? Spielten Vorurteile oder Erwartungen eine Rolle – wenn ja, welche? Welche Wertvorstellungen wurden sichtbar? Gab es Kontextfaktoren, die die Situation positiv/negativ beeinflusst haben?
Wie geht's weiter?	**Schlussfolgerungen für zukünftiges Handeln** Was soll sich ändern – was soll beibehalten werden? Was lässt sich aus der Erfahrung lernen? Welche Fragen sind weiterhin offen?

Die folgende Übersicht soll einen etwas umfassenderen und entsprechend kommentierten **Überblick über die verschiedenen Reflexionsphasen** ermöglichen. Die Darstellung kann sowohl bei der Erstellung einer Reflexion als auch zu einer nachträglichen Beurteilung der Reflexionsqualität (vgl. Kapitel 9.2) im Sinne einer **Checkliste** genutzt werden.

Reflexionsphasen – Überblick

	Phasen	Merkmale	Qualitätscheck	Bemerkungen
„What?" – Wahrnehmen	**Vorbereitung** Situation/Erfahrung/ vorab gewählter inhaltlicher Schwerpunkt	In dieser Phase wird festgelegt, worauf sich die weitere Reflexion beziehen soll: ► ein kritischer Vorfall ► ein pädagogisch relevanter Aspekt, wie z.B. das methodische Vorgehen ► die Reaktionen eines Klienten/einer Klientin ► meine eigene Arbeitsbelastung ► Kontextfaktoren	► Werden alle relevanten Aspekte konkret beschrieben? ► Werden relevante Zusatzinformationen benannt, wie z.B. Kontextfaktoren? ► Werden unwesentliche Aspekte ausgeblendet (Stichwort Prägnanz)?	Die Darstellung ist beschreibend (deskriptiv), es werden noch keine Interpretationen vorgenommen!
	Fokussieren Wahl eines spezifischen Aspektes, unter dem die Reflexion vorgenommen werden soll. Begründung, inwiefern dieser Fokus für die Reflexion bedeutsam erscheint.	Jede Situation lässt sich unter verschiedensten Gesichtspunkten reflektieren. In dieser Phase werden ein bis zwei inhaltliche Reflexionsschwerpunkte gewählt: ► Gefühle ► Werte/Vorurteile ► Entwicklungen, Veränderungen ► systemische Wechselwirkungen ► hierarchische oder organisationale Einflüsse	► Wird der Fokus eindeutig benannt? ► Wird die Wahl des Fokus nachvollziehbar begründet?	Die Komplexität der Ausgangssituation wird reduziert, was zu einer Vertiefung der Auseinandersetzung führen soll.
„So What?" – Verstehen	**Interpretieren** Analysieren, Interpretieren und Hypothesen bilden. Theoretische Konzepte und Modelle als Verständnishilfe nutzen.	In dieser Phase geht es darum, nach Ursachen, Zusammenhängen, Begründungen zu suchen. Es werden Hypothesen darüber aufgestellt, warum die Dinge so sind, wie wir sie wahrgenommen und erlebt haben. Um zu (einigermaßen) tragfähigen Hypothesen zu kommen, kann es hilfreich sein, ► Vermutungen anzustellen; ► sich an vergleichbare Beobachtungen und Erfahrungen, die zeitlich zurück liegen, zu erinnern, ► einen Blick in die eigene Biografie zu werfen und Vorstellungen und Annahmen kritisch zu hinterfragen, ► theoretische Modelle und Konzepte auf die Situation anzuwenden, ► organisationale oder gesellschaftliche Rahmenbedingungen in die Überlegungen einzubeziehen.	► Erscheinen die Analysen, Interpretation und Hypothesen schlüssig? ► Werden verschiedene Hypothesen aufgestellt – gibt es mehr als eine Möglichkeit, die Situation zu erklären? ► Werden theoretische Grundlagen zur Interpretation genutzt? ► Wird (falls sinnvoll) ein Perspektivwechsel vorgenommen?	In dieser Phase der Reflexion ist es erlaubt, den Gedanken und Vorstellungen freien Lauf zu lassen. Die Reflexion gewinnt an Tiefe, wenn es mehr als einen Erklärungsansatz gibt, Stichwort: Multiperspektivische Sicht! Werden alltagstheoretische Vorstellungen mit theoretischen Grundlagen abgeglichen?
„Now What?" – Handeln	**Handeln** Konsequenzen und Schlussfolgerungen	Der Blick geht jetzt in die Zukunft. Ergeben sich aus den vorhergehenden Reflexionen ► Ziele in Bezug auf das eigene Handeln? ► Ziele in Bezug auf die Klient*innen? ► Kann aus den Erfahrungen etwas gelernt werden?	► Sind die Schlussfolgerungen konkret? ► Lassen sich die Ziele umsetzen und befinden sie sich im eigenen Einflussbereich? ► Stehen die gewonnenen Erkenntnisse in einem nachvollziehbaren Zusammenhang zu den vorherigen Überlegungen?	Die Aussagen in dieser letzten Reflexionsphase müssen möglichst konkret sein! Nur konkrete Ziele lassen sich dann auch aussagekräftig evaluieren.
Von vorne!	**2. Reflexionszyklus** Die gewonnen Erkenntnisse kommen zur Anwendung – es entstehen neue Situationen und Erfahrungen.	Durch die Umsetzung und Anwendung der gewonnen Erkenntnisse ergeben sich jetzt neue Situationen, die zu einem weiteren Reflexionszyklus führen können. Es kann dann überprüft werden, ► ob Hypothesen und Interpretationen zutreffend waren, ► ob veränderte Handlungsweisen Auswirkungen haben.	Da hier ein neuer Zyklus beginnt, können die Qualitätshinweise von oben erneut genutzt werden.	Reflexion ist keine einmalige Tätigkeit, sondern ein auf Dauer angelegter Prozess.

4.2 Reflexionszirkel nach Graham Gibbs

In dem von Graham Gibbs entwickelten Reflexionszirkel (vgl. Bolton & Delderfield 2018, S. 57f.) wird den Gefühlen sowie deren Evaluation und Analyse ein großer Stellenwert zugesprochen. Insofern lädt dieser Zirkel fast automatisch dazu ein, eine Situation oder Erfahrung aus verschiedenen Perspektiven zu betrachten.

Gibbs Reflexionszirkel basiert auf sechs aufeinander aufbauenden Reflexionsaspekten, die nacheinander bearbeitet werden sollen. Jede Phase wird durch eine übergeordnete Fragestellung eingeleitet. Das abschließende Ziel der Reflexion besteht darin, eine fundierte und differenzierte Vorstellung davon zu entwickeln, wie man in einer nächsten vergleichbaren Situation handeln würde. Das führt dazu, dass in der letzten Stufe der Reflexion bereits die Umsetzung des Reflexionsergebnisses antizipiert wird und insofern sofort mit einer erneuten Reflexionsrunde begonnen werden könnte.

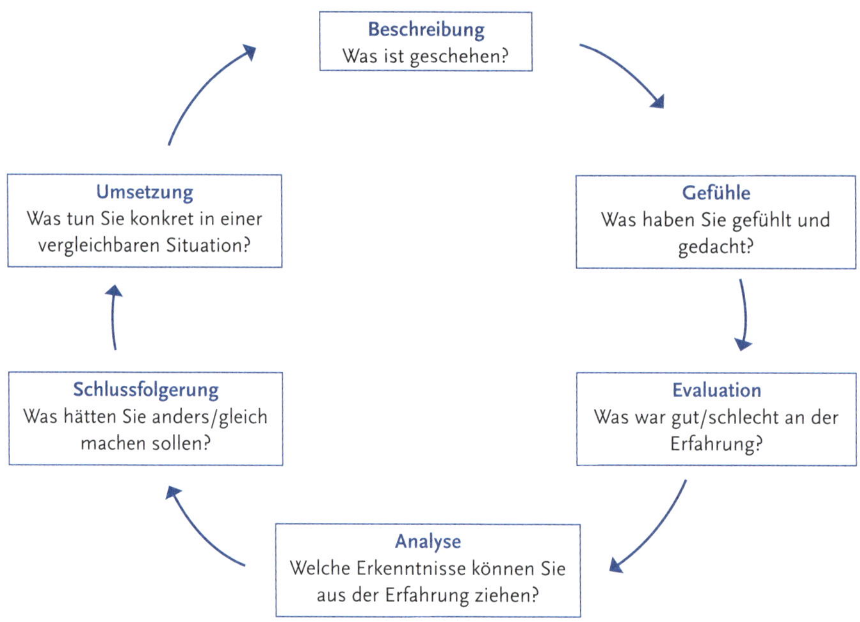

Abb. 6: Reflexionszirkel nach Graham Gibbs (https://lifelonglearningwithot.wordpress.com/2016/05/02/different-models-of-reflection-using-them-to-help-me-reflect/)

Um die Auseinandersetzung auf den verschiedenen Ebenen zu vertiefen bzw. zu erweitern, findet sich in der folgenden Tabelle erneut eine kleine Auswahl vertiefender Fragen (vgl. Daves-Yates 2021, S. 182). Nicht alle Fragen passen zu jedem Reflexionsanlass, sie dienen lediglich der Anregung. Die besten Fragen sind in der Regel diejenigen, die sich aus der konkreten Situation oder Erfahrung selbst ergeben.

Phase	Reflexionsfragen
Beschreibung	▶ Was ist genau geschehen? ▶ Wer war beteiligt? ▶ Wo ist es geschehen – welchen Einfluss hatten die Umgebungsfaktoren? ▶ Hatte es einen Grund, dass Sie anwesend/beteiligt waren? ▶ Was haben Sie getan/was haben die anderen getan? ▶ Was haben Sie erwartet? ▶ Welches Ziel haben Sie verfolgt? ▶ Was war das Ergebnis der Situation?
Gefühle und Gedanken	▶ Welche Gefühle und Gedanken hatten Sie unmittelbar vor der Situation? ▶ Was haben Sie während der Situation/Erfahrung gedacht und gefühlt? ▶ Was haben Sie im Anschluss an die Situation/Erfahrung gefühlt? ▶ Was glauben Sie, haben andere Personen gefühlt/gedacht? ▶ Inwiefern haben Gedanken und/oder Gefühle von Beteiligten die Situation beeinflusst?
Evaluation	▶ Was hat sich als gut und sinnvoll herausgestellt? ▶ Was war ungünstig oder sogar schädlich? ▶ Gab es Aspekte, die – besonders schwierig waren? – leichter fielen als zuvor angenommen? – überraschend waren? – ärgerlich waren?
Analyse	▶ Gibt es Ursachen, die das Geschehene erklären könnten? ▶ Gab es Wechselwirkungen, z.B. zwischen verschiedenen Beteiligten? ▶ Welche theoretischen Modelle und Konzepte können genutzt werden, um ein tieferes Verständnis für die Situation/Erfahrung zu entwickeln (z.B. entwicklungspsychologische Grundlagen, Kommunikationsmodelle, systemische Konzepte und Modelle)? ▶ Gibt es vorhergehende Erfahrungen, die relevant sind? ▶ Welche Wertvorstellungen wurden in der Situation/Erfahrung sichtbar? ▶ Gab es Übertragungsmuster, die Einfluss auf die Situation hatten (Übertragung: falsche Person, falsche Zeit, falscher Ort)?
Schlussfolgerung	▶ Was haben Sie aus der Erfahrung gelernt? ▶ Welche Informationen oder Kompetenzen benötigen Sie, um in einer vergleichbaren nächsten Situation noch professioneller handeln zu können? ▶ Welche Entwicklungsziele ließen sich ableiten? Achtung: Auch sehr klein erscheinende Ziele können schon einen wichtigen Unterschied machen!

Phase	Reflexionsfragen
Umsetzung	▸ Welche Maßnahmen sind geeignet, sich auf eine nächste ähnliche Situation konkret vorzubereiten? – Wer könnte Sie unterstützen? – Welche neu erworbenen Theorien/Methoden sollen konkret zum Einsatz kommen? ▸ Woran werden Sie erkennen, dass Sie ihre (neuen) Ziele erreicht haben? Wer außer Ihnen wird das bemerken?

4.3 Model for Structured Reflection – MSR-Modell nach Christopher Johns

Reflexion weist für Christopher Johns weit über die Anwendung einer Technik hinaus. Der/die Reflektierende wird aufgefordert, ein tiefes und ehrliches Interesse dafür aufzubringen, sich selbst sowie die berufliche Situation in ihrer ganzen Komplexität verstehen zu wollen. Dabei spielt die professionell handelnde Person für Johns eine zentrale Rolle. Die Reflexion soll genutzt werden, um persönliche Wertvorstellungen und Visionen einer idealtypischen Ausübung der Profession immer wieder aufs Neue mit den realen Geschehnissen im beruflichen Alltag abzugleichen. Im Original formuliert Johns (2017, S. 1) wie folgt: „Reflection enables you to understand yourself and, on that basis, to take leadership of your professional life. By leadership I mean the action towards realizing your values or vision about your practice."

> Johns geht davon aus, dass erst der durch Reflexion angeregte **Prozess der Selbsterkenntnis** eine umfassende Verantwortungsübernahme für das eigene professionelle Handeln ermöglicht.

Basierend auf seinem MSR-Modell (**M**odel for **S**tructured **R**eflection) betont Johns den dialogischen Charakter einer Reflexion. Zwischen einzelnen Personen und der Situation kommt es im besten Falle zu umfassenden Resonanzbeziehungen, die es erlauben, die wechselseitigen Einflüsse wahrzunehmen und sie dadurch auch facettenreich reflektieren zu können.

Im Folgenden werden **wesentliche Aspekte des Modells** zusammenfassend dargestellt. Johns Reflexionszirkel durchläuft **6 Phasen:**

1. **Vorbereitungsphase**
   Um die Reflexion deutlich vom turbulenten Alltagsgeschäft abzugrenzen, wird eine Phase vorgeschaltet, in der es darum geht, durch geeignete Rahmenbedingungen zur Ruhe

zu kommen, sich zu öffnen und eine angemessene Einstellung zur Reflexion selbst zu entwickeln.

2. **Beschreibung der Situation/Erfahrung**
   Die Beschreibung der Situation oder Erfahrung ist der zentrale Ausgangspunkt (vgl. Johns 2017, S. 37f.). Er bezeichnet die Beschreibung als ersten dialogischen Moment mit der ausgewählten Situation. Es entsteht eine „Erzählung" (Narrativ), auf die sich die folgenden Reflexionen, Interpretationen und Analysen beziehen. Diese Beschreibung soll detailreich sein und darf Gefühle, Gedanken und Intentionen beinhalten.
3. **Reflexion**
   In der Reflexionsphase können sehr unterschiedliche Perspektiven eingenommen werden, hier eine Auswahl:
   - Welche Themen zeigten sich, denen Aufmerksamkeit geschenkt werden sollte?
   - Welche Gefühle waren bedeutsam und welche Ursachen könnten sie gehabt haben?
   - Was sollte erreicht werden? Was ist tatsächlich erreicht worden?
   - Entsprach das Handeln den eigenen Wertvorstellungen?
   - Lassen sich Zusammenhänge zu vorherigen Erfahrungen/Situationen herstellen?
4. **Einflussfaktoren**
   - Welche Faktoren haben die Situation und/oder die pädagogischen Reaktionen beeinflusst?
   - Welche der aufgelisteten Einflussfaktoren hatten welche Bedeutung?

Mögliche Einflussfaktoren (vgl. Johns 2017, S. 36):

▸ Gewohnheitsmäßiges Handeln ▸ Angst vor Sanktionen ▸ Ethisch-normative Vorstellungen ▸ Vorurteile ▸ (Mangelnde) Unterstützung ▸ Hierarchie und Macht	▸ Erwartungen von anderen ▸ Erwartungen, die ich an mich selbst habe ▸ Gefühle von mir und anderen ▸ Gesellschaftliche Erwartungen ▸ Rollenerwartungen oder -konflikte	▸ Verborgene intrapsychische Faktoren ▸ Angst vor einem Konflikt ▸ Zeitnot/Stress ▸ Unsicherheit im Hinblick auf zu erwartende Reaktionen

5. **Was hätte man besser machen können?**
   In dieser Reflexionsphase stellt der/die Reflektierende sich selbst Fragen:
   - Inwiefern hätte ich anders reagieren können?
   - Wodurch hätte ich eine andere/größere Wirkung erreichen können?
   - Welche Einflussfaktoren ließen sich künftig verändern, sodass ich anders agieren könnte?
   - Was würde sich konkret in einer vergleichbaren Situation ändern, wenn ich anders agieren würde?

6. **Lernerfahrung**
   Welche Schlussfolgerungen lassen sich aus der Erfahrung für vergleichbare nächste Situationen ziehen?
   Inwiefern hat sich das Verständnis verändert, im Hinblick auf
   - die Beteiligten,
   - den Einfluss von Rahmenbedingungen,
   - die eigene Person?

   Lassen sich Schlussfolgerungen ziehen im Hinblick auf
   - theoretische Grundlagen,
   - ethische Haltungen,
   - Selbstbewusstsein,
   - Achtsamkeit?

   (vgl. Delves-Yates 2021, S. 184ff.)

Johns hat seine Modelle immer wieder weiterentwickelt, sodass sich in der Literatur verschiedenste Ausdifferenzierungen des MSR-Modells finden. Sie zeichnen sich alle durch ein hohes Maß an Komplexität aus. Ihm ist es ein Anliegen, immer wieder zu betonen, dass Reflexion kein „Nebenbeigeschäft" ist. Fundierte Reflexionen bedürfen eines angemessenen äußeren Rahmens sowie einer entsprechenden inneren Bereitschaft, sich offen und ehrlich auseinanderzusetzen. Nur dann können Reflexionen den ethischen und normativen Ansprüchen und Erwartungen an die Profession gerecht werden.

Johns erklärtes Ziel ist es, eine reflexive Grundhaltung (vgl. Kapitel 9.1) zu entwickeln, die er wie folgt skizziert:

- „From *doing* reflection toward *being* reflective.
- From a technical rational to a professional artistry perspective.
- An increasing criticality" (Johns 2007, S. 6; Hervorheb. i. O.).

In diesen drei Aussagen finden sich die zentralen Anforderungen, die Johns für professionell handelnde Pädagog*innen formuliert (vgl. Kapiel 9.1). Er betont, dass es nicht ausreicht, das Reflektieren als einfache Tätigkeit zu verstehen, sondern das deutlich umfassendere Ziel ist es, sich zu einer reflektierten Persönlichkeit zu entwickeln. Dadurch ändert sich die eingenommene Perspektive im Hinblick auf die pädagogische Tätigkeit. Statt die Dinge unter einer technisch-rationalen Perspektive zu betrachten, bevorzugen reflektierte Persönlichkeiten eine kreativ-künstlerische Perspektive. Damit bezieht sich Johns vermutlich auf Donald Schön, der wiederholt betont hat, dass das Meistern der alltäglichen Herausforderungen einer entsprechenden Kunstfertigkeit bedarf, denn der pädagogische Alltag ist allein durch die Anwendung von Techniken nicht zu bewältigen. (Vgl. Schön 1983)

Die dritte Forderung bezieht sich schließlich darauf, dass die Kritikfähigkeit und -bereitschaft zunehmen, sodass reflexive Persönlichkeiten die Dinge nicht als gegeben hinnehmen, sondern stets in der Lage sind, sich und die jeweiligen pädagogischen Situationen kritisch zu hinterfragen.

In der Literatur finden sich weitere Reflexionszirkel, die den hier dargestellten Zirkeln/Modellen ähneln. Der Vollständigkeit halber sei auf Kolbs „Experiential Learning Cycle“ (vgl. Bassot 2020, S. 44) und den von Korthage entwickelten „Zyklischen Prozess der Reflexion“ (2002, S. 49f.) hingewiesen. Es würde an dieser Stelle aber zu weit führen, die feinen Unterschiede zwischen den Modellen herauszuarbeiten.

4.4 „Kollegiale Beratung“ als strukturiertes Reflexionsverfahren

Ein Instrument, das sehr gut geeignet ist, intensive Reflexionsprozesse im Kollegenkreis anzuregen, stellt die „Kollegiale Beratung“ dar. Das Modell besticht dadurch, dass es ohne externe Supervision auskommt. Durch einen festgelegten Ablaufplan und eine klare Rollenverteilung der Beteiligten wird sichergestellt, dass die Bearbeitung des ausgewählten Anliegens stringent und ergebnisorientiert durchgeführt wird.

Das Verfahren lädt das Team ein, zu einem Fall bzw. einem spezifischen Anliegen verschiedenste Ansichten und Einschätzungen zu entwickeln. Die Sicht des Einzelnen wird also um viele weitere Blickwinkel bereichert. Eine multiperspektivische Sicht auf die jeweiligen Anliegen ist somit bereits durch das Verfahren selbst angelegt. Auf diese Weise kann sich das jeweilige Fallverstehen deutlich vertiefen, und auch neue Handlungsalternativen und Lösungen erscheinen möglich. Es sind genau diese Synergieeffekte, die durch die strukturierte Beteiligung anderer Fachleute bzw. Kolleg*innen das Verfahren so erfolgreich machen.

Da die „Kollegiale Beratung“ sich großer Beliebtheit erfreut und es leicht zugängliche Literatur zu dem Thema gibt, möchte ich im Folgenden darauf verzichten, unterschiedliche Ablaufschemata vorzustellen. Es soll hier lediglich eine Variante beschrieben werden, die sich in meiner Praxis als besonders erfolgreich erwiesen hat. Die **Besonderheit** besteht darin, dass die eingangs aufgeworfene Beratungsfrage im Anschluss an die Anliegenanalyse erneut geprüft wird. Es hat sich gezeigt, dass in manchen Fällen erst durch die Analyse das „eigentliche“ Problem sichtbar wird. Würde die eingangs aufgeworfene Frage nicht überprüft, würde sich die dann folgende Lösungsarbeit auf eine Frage beziehen, die tieferliegende Faktoren unberücksichtigt ließe. Es entsteht eventuell der Eindruck, dass der Prozess mit neuer Fragestellung wieder von vorne beginnen sollte. Meine Erfahrung aus der Praxis zeigt jedoch, dass dies nur selten notwendig ist. Oft haben die Berater*innen die tieferliegende Frage bereits aufgespürt und auch schon die dazu notwendigen Informationen eingeholt. Insofern können sie auch zu einer veränderten Beratungsfrage ihre Lösungsvorschläge entwickeln.

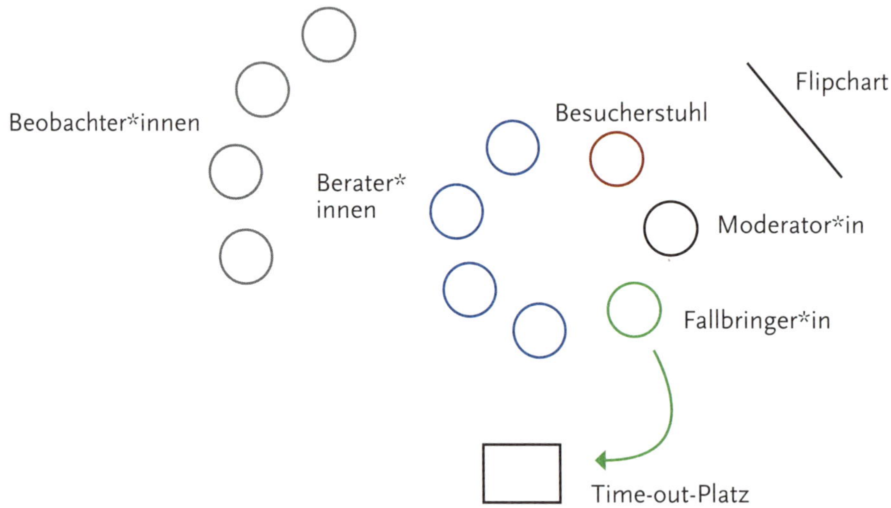

Abb. 7: Das Setting der kollegialen Beobachtung

Phase	Hinweise
Fallbringer*in wählen	Falls mehrere Teilnehmer*innen ein Anliegen haben, lässt sich z.B. über eine Dringlichkeitsabfrage erheben, welches Anliegen zunächst bearbeitet werden soll.
Fallpräsentation	In aller Kürze berichtet der/die Fallbringer*in, worum es im Folgenden gehen soll.
Rollen festlegen	In verschiedenen Modellen finden sich abweichende Rollenbeschreibungen. In meiner Praxis hat es sich bewährt, lediglich zwei (bei großen Teams drei) verschiedene Rollen zu besetzen: **Moderator*in:** Er/sie bringt sich selbst nicht in den Prozess ein, sondern sorgt dafür, dass die Regeln des Ablaufs eingehalten werden, ist ggf. bei der Entwicklung der Beratungsfrage(n) behilflich und leitet jeweils zur nächsten Phase über. Zusätzlich trägt der/die Moderator*in Sorge dafür, dass sich alle Fragen, Analysen und Lösungsvorschläge auf die Beratungsfrage beziehen. **Vier Berater*innen:** Der/die Fallbringer*in sucht sich aus dem Kreis der Kolleg*innen vier Berater*innen aus. Sie stellen ihr fachliches und persönliches Know-how zur Verfügung und bringen sich entsprechend der jeweiligen Phasen in den Prozess ein. (Angefragte Berater*innen entscheiden frei, ob sie den Beratungsauftrag annehmen;sie können ihn ohne Angabe von Gründen ablehnen). **Beobachter*innen:** Sollten mehr Personen anwesend sein, als an dem Prozess teilnehmen können, dann sind die übrigen Teilnehmer*innen Beobachter*innen. Für sie steht ein freier Stuhl (Besucherstuhl) im Kreis der Berater*innen. Gegen Ende der jeweiligen Phasen können sie weiterführende Fragen oder Einschätzungen abgeben. Sie verlassen den inneren Kreis, nachdem sie ihren Beitrag geleistet haben.

<table>
<tr><th>Phase</th><th>Hinweise</th></tr>
<tr><td>Anliegenklärung</td><td>Die Anliegenklärung ist das Herzstück des Beratungsprozesses, denn an der hier erarbeiteten Fragestellung orientieren sich alle weiteren Schritte!
Der/die Moderator*in klärt gemeinsam mit dem/der Fallbringer*in, wie sich das Anliegen konkret als Beratungsfrage formulieren lässt. Dabei sind folgende Aspekte zu berücksichtigen:
▸ Es können nur Anliegen bearbeitet werden, die im Einflussbereich des/der Fallbringer*in liegen.
▸ Ist die Fragestellung konkret?
▸ Ist es eine reine Sachfrage, die sich z.B. durch einen Blick in ein Lexikon beantworten lässt, ist das Anliegen für die Kollegiale Beratung ungeeignet.
▸ Fragen, die Konflikte im Team/zwischen Anwesenden berühren, können nicht bearbeitet werden.
▸ Ist die Fragestellung durch die Berater*innen beantwortbar (Kompetenzen der Berater*innen müssen berücksichtigt werden)?
Die ausformulierte Beratungsfrage wird für alle sichtbar auf einem Flipchart notiert und gilt als „Beratungsvertrag“, auf den sich alles Folgende bezieht.</td></tr>
<tr><td>Befragung</td><td>Die Berater*innen stellen Fragen zum Anliegen, hier einige Beispiele:
▸ Wer war beteiligt?
▸ Wer hat welches Ziel verfolgt?
▸ Was wurde bereits ausprobiert?
▸ Welche systemischen Bezüge waren bedeutsam?
▸ Welche Gefühle waren beteiligt?
▸ Welche subjektiven Theorien (Annahmen, Deutungen etc.) liegen beim Fallbringer/bei der Fallbringerin vor?
Der/die Fallbringer*in beantwortet die Fragen umfassend und zeigt bzw. benennt ggf. begleitende Gefühle.</td></tr>
<tr><td colspan="2">Fallbringer*in verlässt den Kreis, begibt sich an den Time-out-Platz und notiert sich die Hinweise des Berater*innen-Teams.</td></tr>
<tr><td>Anliegenanalyse</td><td>Die Berater*innen stellen Hypothesen auf, z.B. über
▸ systemische Zusammenhänge,
▸ Gründe und Ursachen,
▸ zusätzliche Gefühle, die sie wahrgenommen haben oder deren Vorhandensein sie vermuten,
▸ weitere subjektive Theorien von Beteiligten.
In den jeweiligen Hypothesen werden die zuvor gesammelten Informationen sowie die Beratungsfrage berücksichtigt!</td></tr>
<tr><td colspan="2">Fallbringer*in kehrt in den Kreis zurück.</td></tr>
</table>

<table>
<tr><th>Phase</th><th>Hinweise</th></tr>
<tr><td>Zwischenfeedback und Überprüfung der Beratungsfrage</td><td>Der/die Fallbringer*in meldet zurück, welche Hypothesen ihm/ihr hilfreich erschienen. Was nicht hilfreich erschien, wird ohne Angabe von Gründen nicht mehr erwähnt.
Oft zeigt sich an dieser Stelle, dass sich der Beratungsschwerpunkt verschiebt und hinter der ursprünglichen Fragestellung eine tiefergehende oder zutreffendere Frage auftaucht. Gemeinsam mit dem/der Moderator*in wird die Fragestellung überprüft und ggf. neu formuliert. Sie wird in der aktualisierten Fassung wieder auf dem Flipchart für alle sichtbar notiert.
Nur wenn unbedingt nötig, dürfen die Berater*innen zur veränderten Fragestellung (einige wenige) Verständnisfragen stellen.
Achtung! Der Prozess soll jetzt nicht von vorne beginnen, sondern lediglich mit neuem Schwerpunkt fortgesetzt werden.</td></tr>
<tr><td colspan="2">Fallbringer*in verlässt den Kreis, begibt sich an den Time-out-Platz und notiert sich die Lösungshinweise des Berater*innen-Teams.</td></tr>
<tr><td>Lösungsarbeit</td><td>Die Berater*innen haben kurz Zeit nachzudenken, welche Lösungen oder Tipps ihnen zur Beratungsfrage einfallen.
Nacheinander formulieren die Berater*innen ihre Ideen. Dabei werden die Ideen nicht diskutiert, sondern bleiben (auch wenn sie sich widersprechen sollten) nebeneinander stehen.
In dieser Phase gilt das Prinzip „Viel hilft viel". Je mehr Vorschläge der/die Fallbringer*in zu hören bekommt, umso wahrscheinlicher ist, dass er/sie Ideen entwickelt, wie das eingangs geschilderte Problem sich lösen oder bearbeiten lässt.</td></tr>
<tr><td colspan="2">Fallbringer*in kehrt in den Kreis zurück.</td></tr>
<tr><td>Lösungsfeedback</td><td>Der/die Fallbringer*in benennt diejenigen Vorschläge, die ihm/ihr hilfreich erschienen. Alle anderen Ideen bleiben (ohne Angaben von Gründen) unberücksichtigt.
Der/die Fallbringer*in bedankt sich bei den Berater*innen und dem/der Moderator*in und gibt ein kurzes Feedback zum Prozess. Er/sie entlässt alle aus ihren Rollen.</td></tr>
<tr><td>Sharing</td><td>In der abschließenden Sharing-Phase werden alle Beteiligten, auch die Besucher*innen, eingeladen, von Erlebnissen oder Erfahrungen zu berichten, die bei ihnen selbst durch die Bearbeitung dieses Falls in Erinnerung gerufen wurden. Was wurde durch diesen Fall „getriggert"?
Achtung! Folgende Punkte sind von großer Bedeutung:
▸ In dieser Phase wird der/die Fallbringer*in nicht mehr direkt angesprochen. Er/sie ist eventuell noch mit dem eigenen Fall beschäftigt. Dieser „Nachschwingprozess" soll nicht gestört werden.
▸ Ideen und Tipps, die im Prozess nicht zum Zuge kamen, dürfen auch jetzt nicht mehr nachgereicht werden; es geht nur noch um eigene Erinnerungen.</td></tr>
</table>

5 Denken mit der Hand – schreibendes Reflektieren

In diesem Kapitel erfahren Sie

- inwiefern das Schreiben den Reflexionsprozess befeuern kann
- welche Vorteile ein Reflexionsjournal hat
- alltagstaugliche Methoden, um sich der geschriebenen Reflexion anzunähern
- welche besonderen Effekte mit dem »Sechs-Minuten-Schreiben« verbunden sind

Da die gezielt eingesetzte Tätigkeit des Schreibens einen Reflexionsprozess positiv beeinflussen kann, wird dem reflektierenden Schreiben ein eigenes Kapitel gewidmet. Es werden Tools vorgestellt, die keiner festen Prozessstruktur zugeordnet sind. Sie sind geeignet, umfassendere Reflexionsprozesse, wie sie durch die Reflexionszirkel angeregt werden, vorzubereiten, und können ebenfalls genutzt werden, um sich dem Thema Reflexion generell anzunähern.

5.1 Vom Sinn und Nutzen des reflektierenden Schreibens

Das bewusste Denken und stärker noch das im Gespräch Geäußerte unterliegen leicht einer sozialen Zensur: Was möchte ich, das andere von mir denken, oder auch: Welche Gedanken sind überhaupt sozial akzeptiert – und welche sind verboten? Derartige Gedanken versperren den Zugang zu ehrlichen, vielleicht auch unbequemen Reflexionsinhalten und damit den Weg, sich selbst besser kennenzulernen. Nur wem es gelingt, ehrlich zu reflektieren und auf eine derartige soziale Anpassung in seinen Reflexionsgedanken zu verzichten, kann das professionelle Handeln tatsächlich gegen unbewusste und möglicherweise auch ungewollte Einflüsse aus der Tiefe der eigenen Psyche abschirmen.

Schreibendes Reflektieren bietet die Möglichkeit, derartige Denk- und Fühlverbote nach und nach aufzulösen. Das liegt zum einen daran, dass bestimmte Schreibübungen darauf abzielen, den „inneren Zensor“ zumindest phasenweise zu überlisten. Schreiben wird zum „Denken mit der Hand“, welches Bauch und Herz manchmal etwas näher ist als dem Kopf. Zum anderen kann Geschriebenes immer wieder erneut gelesen werden, man kann es also mit einer gewissen Distanz unter wechselnden Gesichtspunkten betrachten. Eventuell lassen sich dabei Dinge aufspüren, die geradezu unbemerkt aufs Blatt gekommen sind, aber dennoch tiefere Einblicke ermöglichen. Geschriebenes kann außerdem weggeworfen oder in ritualisierten Prozessen weiterverarbeitet werden, indem man es zum Beispiel dem Meer, der Luft oder dem Feuer übergibt.

Hier sind einige grundlegende **Vorteile des Schreibens** aufgelistet (vgl. Bassot 2020, S. 32ff.):

- Schreiben verlangsamt die Denkprozesse, sodass es leichter ist, genau nachzuspüren, worum es wirklich geht.
- Es ist unmöglich, zu schreiben und gleichzeitig an etwas anderes zu denken. Insofern hilft das Schreiben, sich auf das Reflektieren zu konzentrieren und bei der Sache zu bleiben.
- Schreiben hilft, Sachverhalte und Zusammenhänge sowie Ursachen genauer zu verstehen und persönliche Bedeutungen herauszufiltern, denn beim Schreiben müssen verschiedene Entscheidungen getroffen werden: Was wird aufgeschrieben und welche Aspekte können unberücksichtigt bleiben? Schreiben ähnelt einem kontrollierten Dialog mit sich selbst. Es stellt sich immer wieder die Frage, mit welchen Worten sich Gedanken und Gefühle möglichst genau ausdrücken lassen.
- Geschriebenes kann nochmals nachgelesen werden. So befördert es Erinnerungen, die zum Zeitpunkt des Schreibens vielleicht belastend waren, inzwischen aber überwunden wurden. Eigene Lösungskompetenzen werden auf diese Weise sichtbar! Persönliche Entwicklungen können nachvollzogen werden. Wiederkehrende Themen und Muster schälen sich heraus.

5.2 Das Reflexionsjournal

Natürlich lassen sich schriftliche Reflexionen auf jedem Blatt Papier durchführen. Will man aber, ähnlich wie bei einem Tagebuch, Reflexionsprozesse auch später nochmals nachvollziehen, empfiehlt es sich, ein eigenes Heft oder Journal zu nutzen. Da es sich um etwas sehr Persönliches handelt, das über einen längeren Zeitraum genutzt werden soll, ist es empfehlenswert, ein Heft auszuwählen, das man gerne zur Hand nimmt, sodass das Besondere des Inhalts vielleicht auch äußerlich zum Ausdruck gebracht wird. Noch ein kleiner Tipp: Versehen Sie Ihre Reflexionen immer mit dem aktuellen Datum, um sich später erinnern zu können, zu welchem Zeitpunkt Sie mit bestimmten Gedanken beschäftigt waren. Manchmal wundert man sich nach einiger Zeit sogar, welche Aspekte bedeutsam waren; im besten Fall können anhand der Aufzeichnungen Elemente der eigenen Weiterentwicklung nachvollzogen werden.

Betrachten Sie das Journal als guten Freund/gute Freundin, dem/der Sie alles anvertrauen können. Für ein Reflexionsjournal sprechen nach Bassot (2020, S. 32f.) zahlreiche Gründe:

- Das Reflexionsjournal gehört nur Ihnen!
- Es steht immer zur Verfügung, wenn es benötigt wird, und ist nie mit eigenen Dingen beschäftigt.
- Alles darf und soll „ungeschminkt" ausgedrückt werden!

- Das Reflexionsjournal nimmt alle Geheimnisse auf, auch Dinge, für die man sich eventuell schämt oder die niemand sonst wissen darf.
- Es plaudert nichts aus!
- Das Journal „hört" immer zu und akzeptiert alles ohne Widerspruch.
- Es wird niemals müde, Dinge immer und immer wieder zu „hören".
- Das Reflexionsjournal bemerkt keinerlei Fehler, man kann schreiben, wie es gerade aus der Feder fließt.

Tipps zum reflektierenden Schreiben

- Schreiben Sie aus der Ich-Perspektive, denn um Sie geht es!
- Halten Sie sich nicht zu lange mit Beschreibungen auf, sondern notieren Sie, wie Sie etwas erlebt haben, welche Intensität oder/und Bedeutung das Erlebte für Sie hatte.

5.3 Einsteigertools

Die Aufforderung, etwas zu schreiben, kann ungute Gefühle und Widerstand auslösen. Viele Menschen schleppen belastende Erfahrungen aus der eigenen Schulzeit mit sich herum. Sie haben in ihrem Selbstkonzept tief verankert, dass Schreiben nicht ihre Sache ist, und sie sind sich möglicherweise sogar sicher, dass durch das Schreiben eher Denkblockaden ausgelöst werden als dass tatsächlich tiefergehende Reflexionen entstehen. Falls es Ihnen auch so geht, dann möchte ich Sie einladen zu überprüfen, ob diese Erfahrung nicht eventuell „überschrieben" werden kann, indem Sie mit kurzen und dennoch oft wirkungsvollen „kleinen" Schreibanlässen beginnen. Im Folgenden finden Sie in loser Reihenfolge einige kleine Schreibtools, die geeignet sind, sich dem schreibenden Reflektieren anzunähern, ohne gleich einen ganzen Reflexionszirkel (vgl. Kapitel 4) zu bearbeiten.

5.3.1 Assoziationen: Reflektieren mit dem Einkaufszettel

Die folgende Anregung erscheint auf den ersten Blick vielleicht albern und im Hinblick auf die Ernsthaftigkeit des Themas unangemessen. Die Vorschläge verfolgen jedoch den Zweck, sich von einschränkenden Vorstellungen und Denkverboten zu befreien. Sie müssen die Ideen ja nicht wirklich in die Tat umsetzen; sich das kreative Denken zu erlauben kann eine sehr befreiende Wirkung haben.

Nehmen Sie Ihren letzten Einkaufszettel oder einen, den Sie in einem Einkaufswagen gefunden haben. Schreiben Sie kleine Geschichten oder weitere Assoziationen zu den einzelnen Produkten. Keine Angst vor Banalitäten, lassen Sie den Stift einfach laufen (vgl. Dörrie 2019):

- Was erleben zum Beispiel gefrorene Bohnen, während sie in der Gefriertruhe warten? Und was könnte das mit Ihrer beruflichen Situation zu tun haben?
- Was können Sie alles mit dem Wort „Scheuermilch" assoziieren? Welcher Person in Ihrer Einrichtung würden Sie dieses Wort gerne mal an den Kopf werfen?
- Was könnten Sie mit „Butter" alles anfangen, das gar nicht zur eigentlichen Verwendung passt? Welche Reaktionen könnte das hervorrufen? Wem würde das gefallen, wem gar nicht? Welche der Ideen gefallen Ihnen am besten und warum? Welche Gefühle entdecken Sie bei sich, während Sie Ihre Ideen aufschreiben? Wem würden Sie diese Ideen gerne erzählen? Was würde in der Kita passieren, wenn Sie eine dieser Ideen dort umsetzen würden? Wen würden Sie unbedingt in Ihre Experimente einbeziehen und wen auf gar keinen Fall?

Vielleicht haben Sie jetzt noch weitere Ideen für kleine (verrückte) Geschichten – Geschichten sind auch Reflexion. Sie zeigen deutlich, was in Ihnen vorgeht, welche Vorstellungen Sie sich machen, was Sie vielleicht berührend oder witzig finden, was eventuell Ängste auslösen kann oder wie leicht es Ihnen fällt (zumindest in der Vorstellung), Konventionen zu verlassen (ebd.).

5.3.2 Zwanzig Worte

Erinnern Sie sich an eine Situation oder eine Erfahrung und notieren Sie, ohne weiter darüber nachzudenken, zwanzig Worte, die Ihnen dazu spontan einfallen. Schreiben Sie möglichst ohne Pausen!

Unterstreichen Sie die Worte, die herausstechen, bzw. die Ihnen besonders gut gefallen oder die Ihnen bedeutungsvoll erscheinen. Wählen Sie einen der unterstrichenen Begriffe aus und notieren sie alles, was Ihnen dazu einfällt. Sie können Ihren assoziativen Gedanken freien Lauf lassen und sich von der Ausgangssituation lösen.

Wenn Sie Ihre Notizen anschließend durchlesen: Gibt es etwas, das Sie im Hinblick auf zukünftige Situationen inspirieren könnte (vgl. Bolton 2018, S. 24)?

5.3.3 Die fünf Reflexionsunterstützer

Stellen Sie sich eine konkrete Situation vor. Es muss keine herausfordernde Situation sein. Diese kleine Übung ist auch geeignet, um den „normalen" beruflichen Alltag in den Blick zu nehmen (vgl. Kapitel 2.3).

Die folgenden fünf Frageworte können einen Einstieg ins reflektierende Denken erleichtern. Notieren Sie zu jedem Punkt jeweils einige Stichwörter in Bezug auf Ihre ausgewählte Situation:

- Wer?
- Was?
- Wo?
- Wann?
- Wie und wodurch?

5.3.4 Reflektieren im Dialog mit SMS und Postkarte

So, wie es früher Brieffreundschaften gab, suchen Sie sich einen Reflexionsfreund bzw. eine Reflexionsfreundin. Ihr Gegenüber benötigt nicht notwendigerweise Kenntnisse in Ihrem Arbeitsfeld, aber sie sollten Vertrauen zu ihm/ihr haben. Vereinbaren Sie, dass Sie sich gegenseitig in regelmäßigem Abstand, zum Beispiel einmal wöchentlich, eine SMS oder eine Postkarte schreiben.

Die **SMS** stellt eine besonders komprimierte Art zu reflektieren dar. Es geht hier nicht darum, ein Ereignis zu beschreiben, sondern Reflexionsgedanken zusammenzufassen und auf das Wesentliche zu reduzieren. Diese **Mikro-Reflexion** benötigt folglich eine gute gedankliche Vorbereitung. Der Text selbst stellt dann den „Extrakt" der Reflexion dar.

Sie können folgendermaßen vorgehen – pro Aspekt stehen Ihnen maximal zwei bis drei Worte zur Verfügung:

1. Welche Situation fällt Ihnen als allererstes ein, wenn Sie an die vergangenen Tage im Job denken?
2. Welches Gefühl hat die Situation begleitet?
3. Was könnte die Ursache/der Auslöser für das Gefühl sein?
4. Schlussfolgerung bzw. Ausblick auf die nächste(n) Situation(en).

Ein Beispiel: (1.) Gespräch mit Mutter von Joana, (2.) hat mich überrascht, (3.) es gab offeneren Kontakt, (4.) ich werde regelmäßig reden, abwarten und locker bleiben.

Aufgrund der notwendigen Kürze der Nachricht ist es nicht möglich, die Reflexions-SMS so zu verfassen, dass der Freund/die Freundin tatsächlich versteht, worum es konkret geht. Das Ziel dieser Reflexion ist nicht, dass das Gegenüber den Kontext und die Gedanken genau versteht; das Ziel dieser SMS-Übung besteht darin, dass sich die Verfasserin bzw. der Verfasser der SMS über bestimmte Zusammenhänge bewusster wird.

Natürlich kann der Empfänger bzw. die Empfängerin zum Beispiel in einem Gespräch nachfragen: „Ist es dir eigentlich gelungen, im Kontakt mit Joanas Mutter locker zu bleiben? Wie hat sich der Kontakt zu Joanas Mutter weiterentwickelt?"

Bei der **Postkarte** kann zusätzlich das Bild auf der Vorderseite genutzt werden, um symbolisch einen bestimmten Aspekt in die Reflexion einzubeziehen. Es lohnt sich, eine Sammlung von Karten anzulegen, die entsprechende Reflexionen anregen können. Manche Verlage bieten Fotokarten-Sets zu genau diesem Zweck an. Inhaltlich entspricht die Abfolge der Überlegungen der unter SMS aufgelisteten Vorgehensweise – die Darstellung kann jetzt nur etwas ausführlicher ausfallen.

Randbemerkung: Man kann sich auch selbst eine Postkarte schicken. Durch den zeitlichen Abstand, nach dem die Karte wieder in die Hand genommen wird, kann es beim erneuten Lesen zu einer Vertiefung der Reflexion kommen. Wenn Sie die Postkarten dann sammeln, ergibt sich auch daraus ein sehr persönliches Reflexions-Journal.

Abb. 8: Reflexion per Postkarte

Wenn Ihnen diese Art der Reflexion zusagt, dann lässt sie sich natürlich beliebig auf E-Mails oder vielleicht noch besser auf Briefe erweitern. Der handgeschriebene Brief ist einer E-Mail deshalb vorzuziehen, weil das Briefe-Schreiben ein nicht mehr ganz alltäglicher Vorgang ist und insofern möglicherweise weitere Reflexionskanäle öffnet.

5.4 Sechs-Minuten-Schreiben

Ein besonders hilfreicher Einstieg in die Reflexion ist das »Sechs-Minuten-Schreiben«. Bei dieser Art des Schreibens kann es durchaus gelingen, den »inneren Zensor« zu überlisten, weil das pausenlose Schreiben ohne abzusetzen Zugang zu tieferen Schichten der Persönlichkeit ermöglichen kann.

Stellen Sie sich einen Wecker auf sechs Minuten. Schreiben Sie in der Zeit das auf, was Ihnen gerade in den Sinn kommt. Die einzige Regel, die Sie befolgen sollten, ist, dass Sie nicht aufhören dürfen zu schreiben. Sollte Ihnen während der sechs Minuten nichts mehr einfallen, dann schreiben Sie, dass Ihnen nichts mehr einfällt. Wenn wieder ein neuer Gedanke kommt, dann wird dieser notiert. Denken Sie nicht über die Rechtschreibung nach und suchen Sie nicht lange nach passenden Formulierungen, der Stift sollte annähernd pausenlos in Bewegung sein! Nach sechs Minuten beenden Sie diese Übung und lesen das Geschriebene nochmals durch (vgl. Bolton & Delderfield 2018).

Wiederholen Sie die Übung an mehreren Tagen hintereinander. Für manche Menschen stellt sie einen ritualisierten Einstieg in den Tag dar. Das Journal liegt neben dem Bett, und in der Phase des Wachwerdens werden die ersten (unzensierten) Gedanken notiert. Manche Menschen beobachten bei sich in den frühen Morgenstunden eine besondere Intensität der Reflexion – probieren Sie es aus!

„Kompostieren“

Lesen Sie nach einiger Zeit Ihre Aufzeichnungen erneut durch. Was haben Sie vor einiger Zeit auf Ihren „Reflexionshaufen“ geworfen? Ebenso wie bei einem Komposthaufen führen das Umgraben und Umschichten dazu, dass sich fruchtbarer Boden entwickelt, auf dem neue Pflanzen gut gedeihen (vgl. Rolfe, Freshwater & Jasper 2001; Bassot 2020). So wie Kalk und Gesteinsmehl den Kompost veredeln können, helfen die folgenden Fragen, aus den Reflexionen der Vergangenheit erweiterte und fruchtbare Erkenntnisse für aktuelle Sichtweisen zu generieren:

- Gibt es Themen, die in ähnlicher Weise mehrfach auftauchen? Stecken hinter diesen Themen eventuell verborgene Wünsche, Vorstellungen, Ängste?
- Welche Kompetenzen scheinen bei den Beschreibungen auf?
- Was hat sich verwandelt? Inwiefern? Und was war der Auslöser für die Veränderung?
- Gibt es Themen, die ganz verschwunden sind, zum Beispiel, weil sie inzwischen an Bedeutung verloren haben?
- Welche Werte, Vorannahmen oder Vorurteile drücken sich in den Reflexionen aus?
- Möchten Sie etwas grundlegend ändern? Welche Ziele lassen sich daraus für die kommenden Wochen und Monate ableiten?

6

Reflexionstools für den Alltag – eine kleine Auswahl

In diesem Kapitel finden Sie

- **verschiedene Reflexionstools, die mit überschaubarem Aufwand angewendet werden können**
- **Tools, die sich für den Einstieg ins Reflektieren eignen**

Reflexionen müssen abwechslungsreich gestaltet werden, der inhaltliche Fokus sowie die Methode, mit der Reflexionen durchgeführt werden, sollten variieren. Vermeiden Sie reflexive Eintönigkeit. Sie befördern sonst immer wieder ähnliche Ergebnisse ans Licht. Die hier beschriebenen Tools stellen eine kleine, exemplarische Auswahl dar.

Abwechslung bei der Wahl der **Reflexionsmethoden** begünstigt das Entstehen differenzierter und vielfältiger Erkenntnisse.

6.1 Arbeitskleidung

Auch wenn es für Pädagog*innen keine uniformierte Arbeitskleidung gibt, überlassen Sie die Wahl Ihrer Kleidung im Alltag vermutlich nicht dem Zufall. Aus manchem, das Ihre Wahl beeinflusst, lassen sich möglicherweise Bezüge zu der Art, wie Sie Ihre Arbeit wahrnehmen, ableiten:

1. Beschreiben Sie kurz den Stil Ihrer Berufskleidung.
2. Was zeichnet die Kleidung aus, damit sie Ihnen als Berufskleidung geeignet erscheint?
3. Was könnte den Kindern an Ihrer Kleidung besonders gut gefallen?
4. Haben Kolleg*innen ähnliche Kleidungsentscheidungen getroffen? Was ist gleich, was ist anders?
5. Auswertung: Auf welche beruflichen Herausforderungen reagieren Sie mit Ihrer Kleidungswahl?
   (vgl. Bolton & Delderfield 2018, S. 24)

6.2 Das war gut!

Um die Freude an der Arbeit und die Motivation langfristig zu erhalten, ist es wichtig, sich regelmäßig bewusst zu machen, was im Laufe eines Tages alles gut geklappt hat, was einen berührt hat oder worüber man sich gefreut hat.

Datum: ______________

Was war gut?
Hier wird eine prägnante, aber dennoch genaue Beschreibung der gelungenen Situation notiert.

Was habe ich dazu beigetragen, dass es gut war?
Welche Ihrer Kompetenzen haben Sie aktiviert?

Was probiere ich auf jeden Fall wieder aus?
Wie könnte die Wiederholung konkret aussehen?

Abb. 9: Gelungen-Karte

Nehmen Sie einige Blätter Papier und gestalten Sie damit mehrere dieser Gelungen-Karten, ohne sie bereits auszufüllen. Dann legen Sie fest, ob Sie täglich oder wöchentlich eine solche Karte bearbeiten werden. Gut sichtbar, zum Beispiel im Gruppenraum, stellen Sie ein Gefäß auf, in das Sie die Karten hineinlegen, nachdem sie ausgefüllt wurden. An einem besonderen Tag, vielleicht an Ihrem Geburtstag, nehmen Sie das Gefäß, suchen sich einen schönen Ort und lesen in Ruhe die vielen Gelungen-Situationen, die sich im Laufe der Zeit angesammelt haben. Genießen Sie die Wirkung!

6.3 Sätze vervollständigen

Die folgende kleine Übung ist geeignet, sich seiner handlungsleitenden Werte, Ansichten, Meinungen und Gefühle bewusster zu werden. Da sich diese Aspekte im Laufe der Zeit auch ändern können, lohnt es, die Übung in gewissen Abständen zu wiederholen. Sie können diese Übung entweder in Bezug auf eine bestimmte Situation bzw. Erfahrung oder eher allgemein im Hinblick auf ihre berufliche Situation durchführen.

Vervollständigen Sie die folgenden Sätze:

Ich bin ...

Ich glaube ...

Ich will ...

Ich weiß ...

Ich denke ...

Ich verstehe ...

Ich hoffe ...

Ich wünsche ...

Ich vermute ...

Ich bin überrascht ...

Ich träume ...

Variation: Vervollständigen Sie die Sätze für eine andere Person. Stellen Sie also Vermutungen darüber an, wie zum Beispiel der Kollege oder die Kollegin die Sätze formuliert haben könnte. Anschließend findet ein Austausch statt: Wo haben Sie richtig gelegen, wo gab es Abweichungen oder vielleicht sogar Überraschungen?

Falls Sie mit jemandem immer wieder aneinandergeraten, können Sie die Sätze auch fiktiv für diese Person vervollständigen. Eventuell wird dann deutlicher, wo das Problem liegen könnte. Es kann auch lohnen, die Annahmen zu überprüfen und einige Ihrer Hypothesen als Grundlage für ein Gespräch mit dieser Person zu nutzen.

6.4 Das Reflexionsmännchen

Das Reflexionsmännchen ist geeignet, auf eine lockere Art unterschiedliche Reflexionsaspekte anzusteuern. Auch hier gilt wieder: Je genauer und detailreicher die einzelnen Aspekte bearbeitet werden, desto ertragreicher sind die Reflexionsergebnisse.

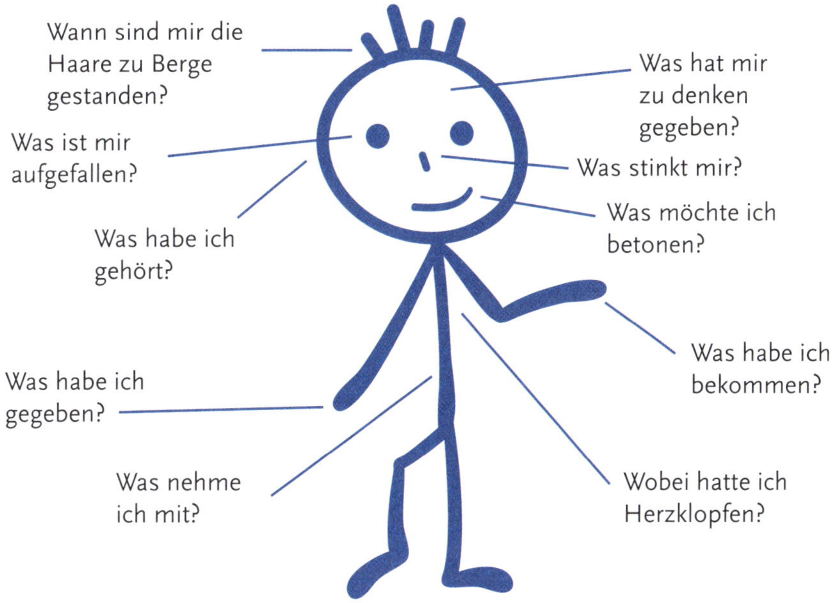

6.5 Zeitreise: Wer will ich gewesen sein? (nach Harald Welzer)

Treten Sie eine Zeitreise an! Beamen Sie sich gedanklich an das Ende Ihrer Berufstätigkeit und verfassen Sie Ihre eigene Verabschiedungsrede. Der Vorteil, wenn man sie selbst schreibt: Sie haben es in der Hand, was alles erwähnt werden soll. Während Sie überlegen, was in dieser Ansprache vorkommen soll, setzen sie sich mit Ihren beruflichen Idealen auseinander und entscheiden, was Ihnen wirklich wichtig ist:

- Worauf werden Sie zurückblicken wollen?
- Was sollen Ihre wichtigsten beruflichen Momente gewesen sein?
- Wie haben Ihre Kolleg*innen, ihre Freund*innen, Ihre Familie auf Ihre Berufstätigkeit geblickt? Was werden sie zu Ihrer Verabschiedung beitragen?
- Welche Ideen und Visionen haben Sie bis zum Renteneintritt verfolgt?
- Welches Lied soll zu Ihrem Abschied gesungen werden/welche Musik soll erklingen?

Sollten Sie Ihre Abschiedsrede schriftlich verfasst haben, dann lohnt es, sie sich einmal jährlich durchzulesen, um zu überprüfen, ob die aktuell eingeschlagene Richtung noch zur Rede passt oder ob sie umgeschrieben werden muss. Eventuell muss auch das berufliche Handeln, die berufliche Situation an Ihre Ansprache angepasst werden.

Brandl, E. (2018): Anleitungsgespräche führen. München: Don Bosco.

Auch wenn die Box für Anleitungsgespräche konzipiert wurde, finden sich dort zahlreiche Anregungen, die ebenfalls sehr gut zur Selbstreflexion geeignet sind.

Kramann, H. (2020): Do it yourself: Selbstsupervision und Selbstcoaching. Ein Methodenkoffer für mehr Souveränität und Leichtigkeit im Beruf. Göttingen: Vandenhoek & Ruprecht.

Auf der Basis des systemischen Ansatzes finden sich neben kurz zusammengefassten theoretischen Grundlagen viele Übungen, die sich gut umsetzen lassen. Das Buch ist übersichtlich aufgebaut, sodass leicht zu finden ist, was gerade benötigt wird.

Vogel, G. (2013): Selbstcoaching konkret. Ein Praxisbuch für soziale, pädagogische und pflegerische Berufe. München: Ernst Reinhardt.

Ein Buch voller Übungen zu verschiedensten Themen und Anwendungsfeldern. Die Themenfelder werden jeweils mit gut verständlichen theoretischen Hinweisen eingeführt.

7
Reflektieren: Werte bewusst wahrnehmen

In diesem Kapitel geht es darum

- sich seiner eigenen Wertvorstellungen bewusst zu werden
- eine Priorisierung der eigenen Werte vorzunehmen
- im Team handlungsleitende Werte für die gemeinsame pädagogische Arbeit zu ermitteln
- die Umsetzung von Wertvorstellungen in der pädagogischen Arbeit zu konkretisieren

Wertvorstellungen sind tief in der Persönlichkeit verankert. Sie werden im Laufe der Biografie entwickelt und an ihnen richtet sich das soziale Miteinander aus. Werte prägen Einstellungen, Denkweisen, Gefühle, Ziele und vieles mehr und steuern schließlich das Handeln. Insofern sind sie eine wichtige Stütze für die Gestaltung des gemeinschaftlichen Lebens. Allerdings treffen gerade in pluralistischen Gesellschaften unterschiedlichste Wertesysteme aufeinander. Da Kinder sich an den Erwachsenen orientieren, ist es notwendig, grundlegende Wertorientierungen im Team aufeinander abzustimmen. Damit nun ein derartiger Abstimmungsprozess überhaupt gelingen kann, ist es notwendig, dass sich jeder und jede seiner/ihrer eigenen Wertorientierung bewusst ist.

Viele Menschen sind bereit, für ihre Werte zu kämpfen, und sie sind nicht bereit, sie leichtfertig aufzugeben. Aus der Konfliktforschung ist bekannt, dass Wertekonflikte besonders machtvoll in das Zusammenleben der Menschen eingreifen und schwer aufzulösen sind.

Werte repräsentieren das, was uns wertvoll ist.

Die beiden folgenden Reflexionsanregungen unterstützen dabei, sich zunächst seiner eigenen Wertvorstellungen bewusst zu werden, und dann zusammen im Team zu überlegen, welche Werte die gemeinsame Arbeit auf welche Weise beeinflussen sollen.

7.1 Welche Werte sind mir wichtig?

Werte lassen sich eigentlich nicht priorisieren, denn sie entfalten in unterschiedlichen Kontexten eine jeweils unterschiedliche Bedeutung. Dennoch sind es bestimmte Grundwerte, die unser Handeln in besonderer Weise beeinflussen. Die folgende Übung ist geeignet, sich dieser bedeutsamen Werte bewusst zu werden. Da Wertvorstellungen auch einem Wandel unterliegen, lohnt es eventuell, die Übung in gewissen Abständen zu wiederholen. Es ist außerdem möglich, dass die Werte je nach Kontext unterschiedlich gewichtet werden.

Wählen Sie zehn Werte, die Ihnen für Ihre Arbeit besonders wichtig sind. Hier ist zum Beispiel an Toleranz, Respekt, Ordnung, Ehrlichkeit, Geduld, Wertschätzung, Zuverlässigkeit, Altruismus, Belastbarkeit zu denken.
Jetzt tragen Sie Ihre zehn Werte in die Matrix ein – jeweils in der **gleichen Reihenfolge** einmal horizontal und einmal vertikal. Die Reihenfolge bzw. Wertigkeit ist dabei egal:

		A	B	C	D	E	F	G	H	I	J
		Verlässlichkeit	Geduld	Respekt	Toleranz						
A	Verlässlichkeit		A	C	D						
B	Geduld			C	D						
C	Respekt				C						
D	Toleranz										
E											
F											
G											
H											
I											
J											

Anschließend lassen Sie die Werte „gegeneinander" antreten. Arbeiten Sie die Begriffe in der Liste der linken (vertikalen) Spalte nacheinander ab und setzen Sie diese Werte mit denen aus der horizontalen Zeile in Beziehung:
Finden Sie zum Beispiel Verlässlichkeit wichtiger als Geduld, dann tragen Sie den Buchstaben für die Verlässlichkeit ein, in diesem Fall ein A.
Verlässlichkeit gegen Respekt: Respekt wichtiger = C
Verlässlichkeit gegen Toleranz: Toleranz wichtiger = D
Geduld gegen Respekt: Respekt wichtiger = C
Geduld gegen Toleranz: Toleranz wichtiger = D
Abschließend zählen Sie, welche Buchstaben wie oft verwendet wurden. In unserem Beispiel: 1 x A; 0 x B; 2 x C; 2 x D.
Wurde die Matrix vollständig ausgefüllt, kann auf diese Weise ein Ranking der wichtigsten persönlichen Werte erstellt werden.

Weiterführende Reflexionsfragen lauten:
- Können Sie alle Werte, die Ihnen wichtig sind, im Beruf uneingeschränkt verfolgen?
- Woran könnten andere konkret bemerken, dass Ihnen diese Werte wichtig sind?
- Welche Ansichten/Handlungen können Sie aufgrund Ihrer Wertvorstellungen (eigentlich) nicht ertragen – und wie gehen Sie damit um, wenn Sie mit derartigen Einstellungen/solchem Verhalten konfrontiert werden?

7.2 Werte im Team entwickeln

Da Werte das pädagogische Handeln, die Einschätzung von Situationen, die pädagogischen Ziele und vieles mehr beeinflussen und gleichzeitig tief in der Persönlichkeit verankert sind, ist es lohnend, sich auch im Team über Werte und ihre jeweiligen Auswirkungen auszutauschen. Welche Wertvorstellungen prägend sind und wie sich das auf das konkrete Handeln auswirkt, kann allerdings individuell sehr unterschiedlich ausfallen.

Die folgende Übung ist geeignet, um im Team über Wertvorstellungen ins Gespräch zu kommen und so ein Bewusstsein dafür zu erlangen, auf welche Weise unterschiedliche Werte die pädagogische Arbeit prägen. Während in vielen der vorangegangenen Reflexionsanregungen eher die mittlere Phase der Reflexion (Interpretation und Analyse) im Mittelpunkt stand, ist es bei dieser Übung wichtig, die **Umsetzung der Werte im pädagogischen Alltag,** also die letzte Phase der Reflexion, möglichst differenziert und konkret herauszuarbeiten.

Noch ein kleiner Hinweis: Diese Übung kann im Team emotionale Turbulenzen erzeugen, wenn sich zum Beispiel jemand mit eigenen Werten nicht durchsetzen kann. Insofern ist es wichtig zu vereinbaren, dass die Übung nach einiger Zeit erneut durchgeführt wird und dann auch neue/andere Werte in den Blick genommen werden.

Es geht in dieser Übung nicht darum, einen Konsens über die wichtigsten Werte zu erzielen, sondern herauszubekommen, welchen Werten in der kommenden Zeit mehr Beachtung geschenkt werden soll und welches Verständnis die Mitarbeitenden von den jeweiligen Werten haben.

Die Übung startet mit dem Ausfüllen der beschriebenen Wertematrix (siehe Seite 85) **in Einzelarbeit.** Anschließend notieren alle Beteiligten ihre wichtigsten drei Werte auf jeweils einer Karte.

Nun beginnt die **Arbeit im Plenum:** Der Raum wird durch ein Seil geteilt. Auf einer Seite des Seiles stehen drei (bei sehr großen Teams vier) Stühle. Das Team befindet sich im anderen Teil des Raumes.

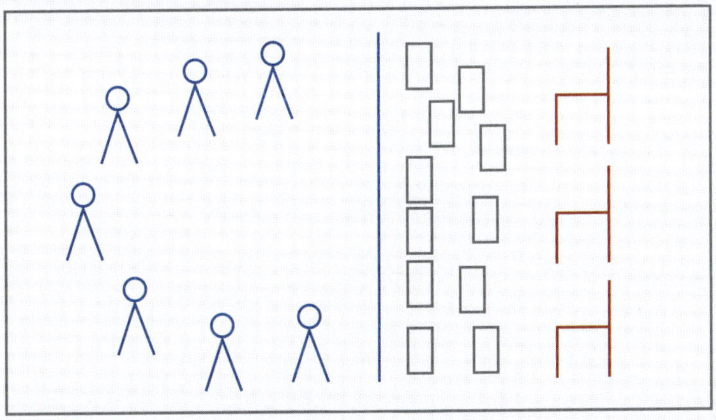

Abb. 11: Ausgangsposition bei der Übung im Plenum

1. Die Wertekarten werden nacheinander, jeweils eine Wertekarte pro Runde, auf den Boden vor die Stühle gelegt (insgesamt gibt es drei Runden). Jede*r erläutert kurz, was er/sie mit dem jeweiligen Wert verbindet und welche Bedeutung der Wert für die eigene pädagogische Arbeit hat. Doppelungen werden aussortiert.
2. Für den folgenden Schritt wird eine maximale Bearbeitungszeit festgelegt (z.B. 10 Minuten). Jetzt geht nacheinander jeweils eine Person hinter das Seil und hebt ohne weitere Begründung einen Wert vom Boden auf und legt ihn auf einen der Stühle. Das wird wiederholt, bis auf allen drei (vier) Stühlen jeweils eine Wertekarte liegt.
3. Nun können Werte ausgetauscht werden. Nacheinander treten die Mitarbeiter*innen hinter das Seil, nehmen eine Wertekarte vom Boden auf und tauschen sie gegen eine Wertekarte, deren Wert ihr/ihm weniger bedeutsam erscheint, aus. Nach der vereinbarten Zeit werden keine Änderungen mehr vorgenommen!
4. Am Ende liegen dann drei (vier) Werte auf den Stühlen und sind damit für die nächste Zeit als besonders beachtenswert ausgewählt worden.

Die Auswertung erfolgt im Plenum oder, je nach Größe des Teams, in Kleingruppen:

1. Woran lässt sich erkennen, dass wir diesen Wert leben? Dies kann sich neben konkreten Situationen auch durch die Raumgestaltung, die verwendeten Materialien, die Tagesstruktur etc. ausdrücken. Finden Sie möglichst konkrete Beispiele!
2. Es werden exemplarische Situationen besprochen, in denen der jeweilige Wert handlungsleitend ist. Aus diesen Situationsbeschreibungen werden konkrete Ziele abgeleitet, zum Beispiel: In den kommenden drei Monaten werden wir darauf achten, dass ...
3. Die entsprechenden Ziele werden gut sichtbar im Teamraum aufgehängt.
4. Nach zwei bis vier Monaten werden die Erfahrungen reflektiert und gegebenenfalls eine neue Auswahl an Werten ermittelt.

Die Umsetzung der Werte kann sich auf unterschiedliche Aspekte beziehen. Es geht dabei nicht um Vollständigkeit, sondern darum, sich im Kolleg*innenkreis darüber zu verständigen, in welcher Form die ausgewählten Werte im Handeln sichtbar werden sollen:

Achtsamkeit	Offenheit	Geduld
▸ Wir nehmen jeden Tag bis um 10 Uhr jedes Kind mindestens einmal in den Blick und versuchen, seine Stimmung zu erfassen. Wir nehmen bewusst wahr, womit das Kind gerade beschäftigt ist. ▸ Wir achten darauf, dass wir Bedürfnisse von Kolleg*innen wahr- und ernstnehmen. Wir drücken unsere eigenen Bedürfnisse klar und verständlich aus.	▸ Wir hören Eltern aufmerksam zu, nehmen ihre Vorschläge ernst, diskutieren diese mit Kolleg*innen und probieren sie, wenn möglich, aus. ▸ Wenn Kinder besondere Angebote benötigen, probieren wir neue Methoden mutig aus. ▸ Wir geben uns gegenseitig Feedback, nehmen es an, ohne uns zu rechtfertigen, und beachten die Feedbackregeln.	▸ Wir greifen nicht ein, wenn Kinder längere Zeit benötigen, um alltägliche Aufgaben (z.B. An- und Ausziehen) durchzuführen. ▸ Wir warten geduldig ab, bis Kinder signalisieren, dass sie bereit sind für neue Entwicklungsschritte. ▸ Wir lassen uns im Team aussprechen und fallen uns nicht ins Wort.

Pädagogische Hochschule Niederösterreich: Werte leben, Werte bilden. Wertebildung im Kindergarten. Impulse für das pädagogische Handeln https://www.noe.gv.at/noe/Kindergaerten-Schulen/Wertebildung_im_Kindergarten.pdf (1.2.2022)

Eine sehr praxisorientierte Zusammenstellung von kurzen theoretischen Impulsen und zahlreichen praktischen Anregungen für Teams und die Arbeit mit Kindern

8

Reflektieren: Vom Nutzen theoretischer Grundlagen

In diesem Kapitel erfahren Sie

- **inwiefern theoretische Grundlagen den Reflexionsprozess bereichern und professionalisieren**
- **anhand eines Beispiels, dass es sinnvoll ist, verschiedene theoretische Grundlagen in der Reflexion zu nutzen**

Neben Wertorientierungen, Gefühlen oder biografischen Bezügen können auch die unterschiedlichen Bezugswissenschaften wichtige Impulse für eine Reflexion liefern. Theoretische Modelle und Konzepte können in der ersten Phase genutzt werden, um den Fokus der Reflexion festzulegen. In der dann folgenden Analysephase haben sie die Funktion, fundierte Deutungsmöglichkeiten zu eröffnen.

Das viel zitierte Theorie-Praxis-Verhältnis wird allerdings in der Reflexion umgekehrt, indem praktische Erfahrungen als Ausgangspunkt genommen werden und die Theorie erst nachträglich die erforderlichen Begründungszusammenhänge liefert. Es wäre in diesem Zusammenhang fast sinniger, vom **Praxis-Theorie-Verhältnis** zu sprechen. Theorie ist der Stoff, aus dem die pädagogische Fachkraft die professionelle Antwort auf die Anforderungen der Praxis schneidert. Insbesondere die Analyse-Phase einer Reflexion mithilfe theoretischer Grundlagen durchzuführen ist auch deshalb empfehlenswert, weil auf diese Weise Erfahrungswissen durch theoretisches Wissen angereichert wird. So kann sichergestellt werden, dass zunächst überwiegend alltagstheoretische Vorstellungen im Laufe des Berufslebens stetig verwandelt und damit professionalisiert werden.

Im Folgenden wird ein konkretes Praxisbeispiel anhand dreier ausgewählter theoretischer Modelle/Konzepte analysiert. Es soll einerseits deutlich werden, dass theoretische Grundlagen tragfähige Analysen ermöglichen, und anderseits, dass es lohnend sein kann, eine Situation bzw. Erfahrung unter **verschiedenen theoretischen Gesichtspunkten** zu betrachten. Werden in der Reflexion nur wenige oder sogar immer die gleichen theoretischen Grundlagen genutzt, werden auch immer wieder ähnliche Ergebnisse zutage treten. Diese Tatsache wird in dem Paul Watzlawik zugeschriebenen Zitat treffend ausgedrückt: „Wer als Werkzeug nur einen Hammer hat, sieht in jedem Problem einen Nagel.“

Durch die Anwendung unterschiedlicher theoretischer Grundlagen verändert sich jeweils der Fokus der Reflexion und es lassen sich entsprechend unterschiedliche Handlungsoptionen ableiten. Wobei es sinnvoll erscheint, die jeweiligen Handlungsoptionen erst im Anschluss an diese mehrperspektivische Analyse zu gewichten.

8.1 Eine Situation – viele Reflexionsperspektiven

Im Folgenden wird eine ausgewählte Situation unter Zuhilfenahme dreier theoretischer Aspekte analysiert. Es wären sicherlich zahlreiche weitere theoretische Grundlagen geeignet, den Fall zu analysieren. Insofern stellt die Auswahl der zur Analyse genutzten theoretischen Grundlagen bereits einen wichtigen Reflexionsschritt dar.

Ausgangssituation: Elia (5;8 Jahre) ist häufig in Konflikte verwickelt, bei denen es auch zu Handgreiflichkeiten zwischen den Kindern kommt. Die Zusammenarbeit mit den Eltern gestaltet sich schwierig, weil diese das Verhalten ihres Kindes als wenig problematisch einschätzen.

Theoretische Grundlagen	Reflexion (Analyse): Anwendung der theoretischen Grundlagen auf den spezifischen Fall	Handlungsoption (Schlussfolgerung)
Hypothese 1 (Kind) Sensorische Integration:		
Möglicherweise liegt bei Elia eine taktile Abwehr vor. „Unter **taktiler Abwehr** verstehen wir die Tendenz, auf Berührungsreize negativ und emotional zu reagieren" (Ayres 2016, S. 146). Es ist für die Kinder nicht möglich, ihre negativen Reaktionen zu unterdrücken. Wird es von ihnen verlangt, dann fühlen sie sich schuldig und es kann neben der sensorischen Integrationsstörung noch zusätzlich ein emotionales Problem entstehen (ebd., S. 149).	Die meisten Konflikte entstehen in der Garderobe oder im Waschraum, wenn Elia sich mit vielen Kindern auf engem Raum befindet und dort zwangsläufig zahlreichen Berührungsreizen ausgesetzt ist. Meine Ermahnungen haben keinerlei Erfolg. In letzter Zeit habe ich beobachtet, dass Elia sich auch auf dem Bauteppich sehr aggressiv verhält. Ob das vielleicht damit zusammenhängt, dass er auf sein allgemeines Unwohlsein mit „Kampf" reagiert (vgl. Ayres 2016, S. 152)?	Zuerst werde ich aufhören, ihn zu ermahnen, und versuchen, den Gruppenalltag so zu organisieren, dass Elia nicht so häufig in beengende Situationen gerät. Außerdem werde ich mit den Eltern reden, dass sie für ihn eine entsprechende Therapie organisieren.

Theoretische Grundlagen	Reflexion (Analyse): Anwendung der theoretischen Grundlagen auf den spezifischen Fall	Handlungsoption (Schlussfolgerung)
Hypothese 2 (Eltern) Passive Verhaltensweisen		
Passivität behindert eine konstruktive und aktive Problembewältigung. Es werden vier Stufen der Passivität beschrieben: (1) das Problem wird geleugnet, (2) das Problem hat keine Bedeutung, (3) niemand kann das Problem lösen, (4) die eigenen Fähigkeiten reichen nicht aus, um das Problem zu lösen. Um Passivität aufzulösen, muss stufenweise vorgegangen werden (von 1 zu 4) (vgl. Gührs & Nowak 2014, S. 162). Passivität kann auf folgende Weise in Erscheinung treten: nichts tun, agitieren, Überanpassung, Gewalt (vgl. Stewart & Joines 2000, S. 254).	Die Gespräche mit den Eltern sind schwierig, weil diese alles abbügeln und nicht sehen, wie schwierig es oft für ihr Kind in der Kita ist. Das bedeutet, dass sie schon das Problem nicht sehen. Die Eltern sind also auf der untersten Stufe der Passivität. Sie reagieren in Bezug auf ihren Sohn mit „Nichtstun", und im Gespräch versichern sie, dass sie ja nur das Beste für ihren Sohn wollen, und loben mich und meine Fähigkeiten über den grünen Klee; hier zeigt sich die Passivität durch „Überanpassung".	Es wird mir sicher nicht gelingen, die Eltern unmittelbar dazu zu bewegen, aktiv zu werden und einen Therapieplatz zu suchen. Mein nächster Schritt besteht darin, ihnen die Bedeutung des Problems zugänglich zu machen (Stufe 2 der Passivität). Ich werde ihnen die Konsequenzen verdeutlichen, die es langfristig haben kann, wenn Elia keine Unterstützung bekommt. Dies werde ich etwas drastisch formulieren, denn die Eltern müssen als erstes das Problem als solches anerkennen und ihm dann auch eine Bedeutung beimessen. Erst dann werden sie bereit sein, überhaupt therapeutische Unterstützung zu akzeptieren und diese auch aktiv zu suchen.

Theoretische Grundlagen	Reflexion (Analyse): Anwendung der theoretischen Grundlagen auf den spezifischen Fall	Handlungsoption (Schlussfolgerung)
Hypothese 3 (Erzieherin) Lebenspositionen		
In der Transaktionsanalyse werden vier verschiedene „Lebenspositionen“ beschrieben. Diese sind oft tief im eigenen Selbstkonzept verankert und können insbesondere unter Stress reaktiviert werden, auch wenn sie vom „Erwachsenen Ich“ längst als unzutreffend erkannt wurden. Die vier »Lebenspositionen« lauten: »Ich bin o.k./du bist o.k.«, »Ich bin nicht o.k./du bist o.k.«, »Ich bin o.k./du bist nicht o.k.«, »Ich bin nicht o.k./du bist nicht o.k.« (vgl. Gührs & Nowak 2014, S. 37ff.).	Ich merke im Kontakt mit dem Kind und seinen Eltern, dass ich immer wieder an meiner eigenen Kompetenz zweifele. Wenn ich die Not des Kindes und die Passivität der Eltern wahrnehme, dann denke ich immer wieder: „Du bist einfach nur nicht in der Lage, den richtigen Schlüssel zu finden; es liegt an dir, dass hier nichts passiert. Unsere Fachberatung würde das bestimmt viel besser hinbekommen.“ Es sind meine alten Ängste, dass ich nicht genüge, dass ich unfähig bin. Ich gerate dann in eine Dynamik von »Ich bin nicht o.k./du bist o.k.«. Das fühlt sich nicht gut an und ist auch nicht zutreffend. Mit etwas mehr Abstand betrachtet bemerke ich dann, dass ich kompetent (o.k.) bin und durchaus Ideen habe, die Situation positiv zu beeinflussen.	Um aus dieser Dynamik auszusteigen, überlege ich mir Strategien, wie ich aktiv und professionell damit umgehen kann, dass ich eventuell in Bezug auf Elia nicht erfolgreich sein werde. Ich mache mir bewusst, dass dies nicht an meiner Kompetenz liegt, sondern an meiner Rolle als Erzieherin. Einen Therapieplatz zu organisieren, liegt nicht in meinem Einflussbereich. Ich werde mir meine „Kompetenzlandkarte“ noch einmal anschauen und mir verdeutlichen, welche meiner Kompetenzen ich bereits in diesem Fall erfolgreich genutzt habe.

8.2 Verschiedene „Theorie-Brillen“ und ihre Verwendung

Durch welche Brille gucken Sie?

Die Übung ist geeignet, herauszufinden, wie viele „Theorie-Brillen“ im Alltag genutzt werden. Fehlt das notwendige Fachwissen, werden Dinge ungenau wahrgenommen und können folglich in der Reflexion kaum fundiert analysiert werden. Zu leicht bedient man sich in solchen Fällen alltagstheoretischer Vorstellungen – im schlimmsten Fall, ohne es überhaupt zu bemerken.

Wie viele **verschiedene** „Theorie-Brillen“ stehen Ihnen zur Verfügung? Hier einige „Brillen-Beispiele“:

Wahrnehmungs-Brille

- Wie sicher nutzen die Kinder ihre Basissinne?
- Vermeiden bestimmte Kinder eventuell gewisse Situationen, weil sie ihre Basissinne nicht ausreichend entwickelt haben?
- Welche Anreize werden den Kindern geboten, um ihre Basissinne zu entwickeln?

Sozial-Emotionale Brille

- Wie nehmen die Kinder zueinander Kontakt auf?
- Welche unterschiedlichen Emotionsregulationsstrategien haben „Ihre“ Kinder entwickelt?
- Welche Strategien der Emotionsregulation stehen Ihnen selbst zur Verfügung?

Kognitions-Brille

- Welche kognitiven Kompetenzen beobachten Sie besonders oft, welche fallen Ihnen selten auf?
- Wie differenzieren Sie Angebote, sodass Kinder mit unterschiedlichem kognitivem Entwicklungsstand zusammen spielen können?

Beobachten Sie die Kinder (alternativ können Sie auch eine Filmaufnahme ansehen). Setzen Sie nacheinander verschiedene „Brillen“ auf und notieren Sie stichpunktartig, was Sie durch die jeweiligen Brillen sehen. Die gelisteten Fragen stellen lediglich erste Anhaltspunkte dar.

Vergleichen Sie Ihre Ergebnisse unter folgenden Gesichtspunkten:

- Welche Brille war Ihnen vertraut, welche Brille haben Sie lange nicht genutzt?
- Haben Sie eine Lieblingsbrille? Was würde geschehen, wenn diese Brille für eine gewisse Zeit nicht zur Verfügung stünde?
- Welche Ergebnisse aus Ihren Notizen erscheinen Ihnen besonders bedeutungsvoll – inwiefern?
- Welche weiteren Brillen werden Sie sich demnächst zulegen?

9 Kompetent reflektieren

In diesem Kapitel erfahren Sie

- wodurch sich verschiedene Ebenen und Intensitätsgrade der Reflexion auszeichnen
- mithilfe welcher Kriterien die Qualität von Reflexionen beurteilt werden kann
- weshalb Reflexionen umso ertragreicher sind, je konkreter sie sich gestalten

Reflexionen können mit erheblich unterschiedlicher „Eindringtiefe" und Intensität erfolgen. Je offener die eigene Person mit ihren biografischen Wurzeln, mit ihren Gefühlen und Vorstellungen in die Überlegungen einbezogen wird, umso intensiver wird der Reflexionsprozess ausfallen. Der Zugang zu diesen persönlichen, tiefer liegenden Schichten lässt sich allerdings nicht „per Knopfdruck" herbeiführen, sondern bedarf regelmäßiger Übung sowie der Bereitschaft, sich und sein Handeln infrage zu stellen und kritisch zu betrachten.

Insofern ist eine tiefergehende Reflexion das Ergebnis von offener, ehrlicher und regelmäßiger Auseinandersetzung mit sich selbst, den jeweils bedeutsamen systemischen Bezügen sowie den organisationalen und gesellschaftlichen Kontextbedingungen. Intensive Reflexionsprozesse führen nicht nur zu einer fundierten Handlungs-, Methoden- und/oder Kommunikationskompetenz, sondern bewirken auch eine kontinuierliche Persönlichkeitsentwicklung. In der Folge können sich das professionelle Handeln sowie die pädagogische Haltung professionalisieren.

9.1 Modell der Reflexionsintensität

Das Modell der Reflexionsintensität lässt sich auch als Reise zum Kern der pädagogischen Persönlichkeit interpretieren. Die Entwicklungsrichtung folgt dem Weg vom „Reflektieren als reiner Tätigkeit" (doing reflection) hin zu einer „reflektierten Persönlichkeit" (being reflective) (vgl. Kapitel 4.3). Schicht für Schicht nähert man sich einem Zustand, in dem Person, pädagogisches Handeln und Reflexion untrennbar miteinander verwoben sind.

Die Übergänge zwischen den einzelnen Schichten sind fließend, und je nach Situation oder aktueller Herausforderung wird es zu einem dynamischen Wechsel kommen. Für Pädagog*innen, die noch am Anfang ihrer Reflexionserfahrung stehen, werden die inneren Schichten sicherlich zunächst kaum erreichbar sein, während berufs- und reflexionserfahrene Fachkräfte vermutlich leichter einen Zugang zu tiefer liegenden Schichten erlangen und dynamisch zwischen den einzelnen Ebenen wechseln können.

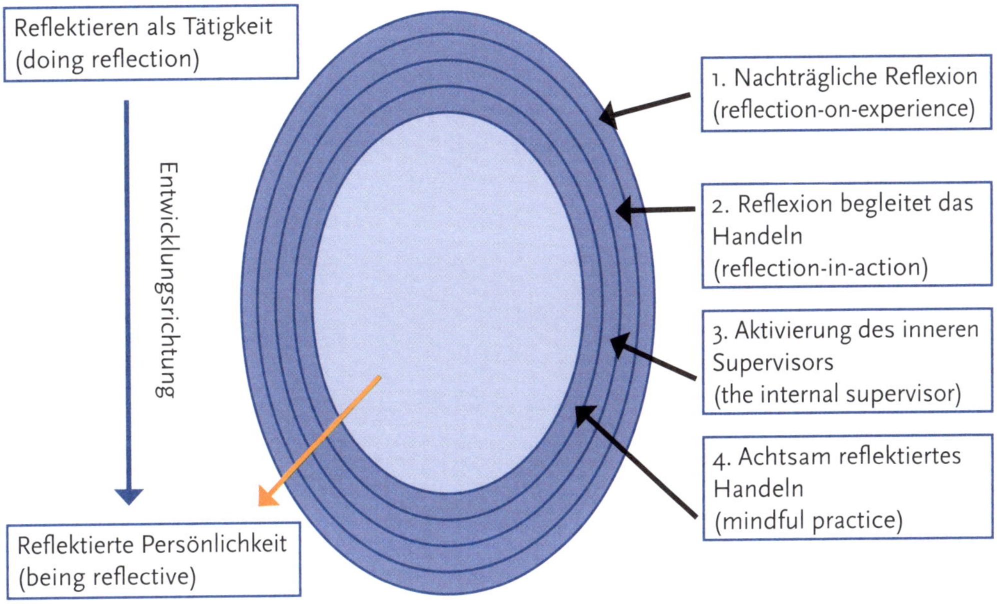

Abb. 15: Modell der Reflexionsintensität nach Johns (Delves-Yates 2021, S. 9)

Im Folgenden werden die einzelnen Schichten des Modells vorgestellt. Anhand eines Beispiels, das sich auf die immer gleiche Ausgangssituation bezieht, sollen Veränderungen bezüglich der **Reflexionstiefe und -intensität** verdeutlicht werden.

> **Ausgangssituation:** Lara arbeitet als Springkraft für einen großen Träger. Beim Mittagessen in einer für sie neuen Gruppe beobachtet sie, dass die Kinder von der Kollegin mit Nachdruck aufgefordert werden, mindestens einen Löffel von jeder Speise zu probieren. Kinder und Erzieherinnen scheinen diesen Vorgang „normal“ zu finden, und manche Kinder folgen der Aufforderung tapfer und mit offensichtlicher Überwindung. Lara ist entsetzt, denn hier werden, ihrer Überzeugung nach, Kinderrechte verletzt. Sie deutet ihren Unmut der Erzieherin gegenüber an, verzichtet aber darauf, die Diskussion vor den Kindern zu führen.

1. Nachträgliche Reflexion (reflection-on-action)

Eine Situation wird nachträglich reflektiert, um aus dieser spezifischen Erfahrung zu lernen: Lara analysiert die Situation anschließend und stellt fest, dass hier verschiedene Erziehungsziele und pädagogische Vorstellungen aufeinanderprallen. Sie nutzt ihre Reflexion, um sich Argumente zurecht zu legen, mit denen sie sich in den kommenden Tagen dafür einsetzen möchte, dass die Kinder nicht mehr probieren müssen. Außerdem überprüft sie erneut, wie wichtig ihr tatsächlich das Einhalten der Kinderrechte ist, und sie beschäftigt sich mit der einschlägigen Literatur über Partizipation, um ihre Argumentation auch theoretisch abzusichern.

2. Reflexion während des Handelns (reflection-in-action)

Die Reflexion begleitet das Handeln, um die gewünschte Wirkung zu erzielen. Auf dieser und den folgenden Stufen gelingt es, sich parallel zur eigentlichen Handlung Reflexionsfragen zu stellen und diese auch zu beantworten: Einige Tage später findet zwischen Lara und der Erzieherin ein Gespräch statt. Lara trägt ihre gut vorbereiteten Argumente vor. Während des Gesprächs bemerkt Lara, dass die Kollegin sie verwundert und etwas ungläubig anschaut. Lara überlegt sich, **während sie spricht,** dass sie vorsichtig sein will, um zu verhindern, dass die Kollegin mit Widerstand reagiert. Lara fragt sich: Welche Art der Argumentation kann die Kollegin am ehesten überzeugen, und wie kann ich mein Anliegen formulieren, sodass die Kollegin sich nicht abgewertet oder angegriffen fühlt? Lara entscheidet sich, nicht allein die fachlichen Argumente vorzutragen, sondern alles explizit auf die Situation der Mahlzeiten zu beziehen. Schließlich lässt sich die Kollegin zumindest versuchsweise darauf ein, die Regel für das Mittagessen zu ändern.

3. Aktivierung des inneren Supervisors (the internal supervisor)

Auf der Basis vorangegangener Reflexionsprozesse wird nach sinnvollen und situationsangemessenen Reaktionen gesucht. Dabei werden die eigenen Gefühle sowie tieferliegende Gedanken und Vorstellungen bewusst wahrgenommen und mit der eigenen Vision von idealtypischen Vorstellungen der Profession abgeglichen: Lara würde am liebsten dafür sorgen, dass in jeder Kita Kinderparlamente eingeführt werden; aber sie weiß, dass sie mit ihrer Begeisterung manchmal über das Ziel hinausschießt. Ihr ist bewusst, dass ihr Einsatz für die Kinderrechte schnell als Kritik an den bestehenden Verhältnissen verstanden wird. Obwohl sie an den folgenden Tagen viele weitere Situationen bemerkt, bei denen die Kinderrechte stärker berücksichtigt werden könnten, bleibt sie zurückhaltend; sie will ihren gerade erzielten Erfolg bei den Mahlzeiten nicht gefährden. Sie sagt sich: „Lara, bleib entspannt, wenn du nur den Samen dafür legst, dass aufmerksamer mit den Bedürfnissen der Kinder umgegangen wird, dann ist das ein erster wichtiger Schritt. Du hast die Argumente vorgetragen und bist in dieser Gruppe nur für eine kurze Zeit.“ Dennoch achtet sie in den nächsten Tagen darauf, dass sie selbst, wo immer es möglich ist, die Kinder in Entscheidungsprozesse einbezieht.

4. Reflektierte Persönlichkeit (Mindfulness)

Die Situationen und Erfahrungen können ohne Verzerrungen und/oder Übertragungen wahrgenommen und entsprechend reflektiert werden (vgl. Johns 2013, S. 3): Lara ist sich der Grenzen ihres Einflusses als Springerin bewusst. Sie weiß, dass sie sorgsam darauf achten muss, keine abwertende Haltung den anderen Erzieherinnen gegenüber einzunehmen. Gleichzeitig darf sie auch nicht der Versuchung erliegen, alle Kinder retten zu wollen. Es ist für sie hilfreich, sich immer wieder zu vergewissern, dass es den Kindern, abgesehen von einigen übergriffigen Handlungen der Erzieherinnen, gutgeht, dass die Kinder liebevoll behandelt werden und insgesamt eine entspannte und entwicklungsförderliche Stimmung in der Kindergruppe vorherrscht, die sie möglicherweise durch ihren Übereifer sogar stören würde. Dennoch ist Lara froh, dass sie das Thema angesprochen hat. Sie freut sich darüber, dass es ihr gelungen ist, die Regeländerung beim Mittagessen einzuführen, und sie ist stolz auf sich, das kritische Gespräch mit der Kollegin mit ausreichender Vorsicht geführt zu haben.

9.2 Qualitätskriterien für eine „gute" Reflexion

Kriterien, die auf unterschiedlichste Reflexionsanlässe und Inhalte anwendbar sind, müssen allgemein formuliert werden. Sie dürfen sich weder auf den Fokus einer Reflexion noch auf den gewählten methodischen Zugang beziehen, denn beides ist notwendigerweise Ausdruck individueller Wahrnehmung, Deutung und Herangehensweise. Dennoch sollten die Kriterien geeignet sein, Tiefe und Intensität zu bewerten, mit der die Reflexion durchgeführt wurde.

Im Folgenden findet sich eine Liste mit entsprechenden Kriterien. Sie erhebt keinen Anspruch auf Vollständigkeit und muss je nach Situation angepasst, möglicherweise auch konkretisiert oder ergänzt werden. Die Auflistung bietet lediglich Anhaltspunkte, welche Aspekte bei der qualitativen Betrachtung von Reflexionen berücksichtigt werden können. Eine Hierarchisierung dieser Qualitätskriterien wurde bewusst nicht vorgenommen, denn abhängig von Anlass oder Anwendungszweck wird die Gewichtung variieren (vgl. Delves-Yates 2021; Bassot 2016, S. 119). Die Nummerierung hat daher keine inhaltliche Bedeutung, sondern soll lediglich die Zuordnung im nachfolgenden Beispiel vereinfachen.

Qualitätskriterien

(1) Reflexionen werden in der Ich-Form abgefasst, damit deutlich wird, dass eine persönliche Auseinandersetzung stattfindet.
(2) Alle Aussagen werden konkret formuliert.
(3) Reflexionen gehen über eine reine Beschreibung deutlich hinaus.
(4) Der Reflexion liegen konkrete Reflexionsfragen zugrunde.

(5) In der Reflexion findet eine kritische Auseinandersetzung statt, es wird Stellung bezogen und es werden Bewertungen vorgenommen.
(6) Alle Aussagen, Einschätzungen und Deutungen werden fundiert und differenziert begründet.
(7) In der Reflexion werden unterschiedliche Sichtweisen, theoretische Grundlagen, persönliche Perspektiven, relevante Kontextfaktoren sowie systemische Bezüge berücksichtigt.
(8) Persönliche Überzeugungen und Deutungsmuster werden infrage gestellt bzw. kritisch überprüft.
(9) Das methodische Vorgehen im Reflexionsprozess wird benannt und gegebenenfalls ebenfalls einer kritischen Würdigung unterzogen.
(10) Es wird deutlich, worin der Erkenntnisgewinn der Reflexion besteht. Möglicherweise ergeben sich weiterführende Themen und/oder Fragestellungen; diese werden konkret benannt.

In folgendem Beispiel soll verdeutlicht werden, wie sich die Qualitätskriterien auf eine konkrete Reflexion anwenden lassen.

Ort des Geschehens: Inklusiv arbeitende Kita-Gruppe
Thema: Musik und Bewegung mit Kokosnüssen
Teilnehmende: Sieben Kinder, darunter Fredi (4;4 Jahre), altersentsprechend entwickelt, und Annika (5;3 Jahre) mit einer globalen Entwicklungsverzögerung

Phase	Reflexion der pädagogischen Fachkraft	Qualitätskriterien
Beschreibung der Ausgangssituation	Bei der Vorbereitung habe ich versucht, das Angebot möglichst genau an meine Kindergruppe anzupassen. Bei der Durchführung lief zunächst alles nach Plan und die Stimmung war entspannt. Die Kinder sollten im ersten Teil der Einheit ihre Kokosnusshälften mal schnell und mal langsam auf den Boden schlagen, und im zweiten Teil sollten sie sich ein anderes Kind suchen und die Kokosnusshälften ebenfalls mal schnell, mal langsam gegeneinander schlagen. Leider sind Fredi und Annika dabei heftig in Streit geraten, weil Annika die Begriffe »schnell/langsam« nicht zuordnen konnte. Die anderen Kinder waren zum Glück friedlich und haben geduldig abgewartet, bis der Streit geschlichtet war. Dass die beiden in Streit geraten sind, hat mich aber geärgert. Ich war sauer auf Fredi und Annika, weil sie meinen Plan gestört haben. Am Ende war ich nicht zufrieden mit mir und dem Ablauf der Einheit.	Die Reflexion wird aus der Ich-Perspektive geschrieben (1); die Darstellung geht teilweise über eine reine Beschreibung hinaus, indem Gefühle und ihre Auslöser benannt werden (3).

Phase	Reflexion der pädagogischen Fachkraft	Qualitätskriterien
Fokussierung	Ich möchte jetzt genauer auf diesen Streit eingehen, weil es mir lohnend erscheint, die Begleitumstände noch einmal genau zu analysieren. Mich interessiert dabei besonders, **ob ich den Streit durch anderes Handeln meinerseits hätte verhindern können**.	Der weiteren Reflexion liegt nun eine konkrete Reflexionsfrage zugrunde (4).
Analyse 1	Betrachte ich den Aufbau der Einheit, dann kam es genau am Übergang von der »Experimentierphase« zur »Interaktionsphase« zum Streit. Ich hatte bei der Planung das Prinzip »vom Ich zum Du« sowie »vom Einfachen zum Komplexen« berücksichtigt. Daran kann es also nicht gelegen haben. Was ich aber zu wenig beachtet hatte, war, dass Annika bereits in der »Experimentierphase« Mühe hatte, die Aufgaben umzusetzen. Ich habe da versäumt, sie zu unterstützen und ihr genug Zeit zu geben. Ich muss also die entwicklungspsychologischen Voraussetzungen der Kinder stärker berücksichtigen. Als der Streit ausbrach, hätte ich Fredi unterstützen müssen, damit er besser verstehen kann, dass Annika die Aufgabe nicht „richtig" umsetzen kann. Das zeigt mir noch einmal auf, wie wichtig es gerade in der Inklusion ist, nicht nur dem Kind mit Entwicklungsverzögerung, sondern auch dem Kind, das die Dinge „richtig" machen möchte, Unterstützung zu geben.	In die Überlegung werden drei unterschiedliche Perspektiven einbezogen: Methodischer Aufbau, Entwicklungspsychologie und Aspekte der Inklusion (7), es findet eine kritische Auseinandersetzung und Bewertung des eigenen Handelns statt (5), die Aussagen werden fundiert begründet (6), ein Gewinn aus der Reflexion wird benannt, es entstehen Ideen für Handlungsalternativen (10).
Analyse 2	Eigentlich hätte ich wissen müssen, dass ich Annika gut im Blick behalten muss. Ich hatte etwas blauäugig gehofft, dass es schon gutgehen würde. Da hatte ich meine eigenen Wünsche, die Einheit nach Plan umzusetzen, vor die Bedarfe der Kinder gestellt. Das ist mir jetzt ziemlich peinlich, ich wollte doch einfach nur alles „supergut" machen. Da stand ich mir wohl selbst im Weg! Ich habe leider oft den Anspruch, die Sachen „supergut" zu machen, und ich vergesse manchmal, dass es eigentlich nur dann „supergut" ist, wenn es „supergut" ist für die Kinder. Es reicht eben nicht, lediglich alle Regeln der Kunst bei der Entwicklung einer Einheit zu beachten, wenn dabei die Kinder aus dem Blick geraten.	Persönliche Anteile werden konkret benannt und offen eingestanden (8). Die Reflexion ist dadurch sehr ehrlich!

Phase	Reflexion der pädagogischen Fachkraft	Qualitätskriterien
Analyse 3	Ich glaube, dass ich schon im Moment des Streits kapiert habe, dass er ausgebrochen ist, weil ich zuvor etwas fundamental übersehen habe. Aber ich wollte oder konnte in dem Moment nicht so schnell umschwenken. Deshalb habe ich erstmal mit Fredi geschimpft und Annika auch nicht so freundlich behandelt. Mein Gefühl war, die beiden haben mir meine schöne Planung zerstört. Da muss ich mich bei beiden Kindern nochmal entschuldigen, sie haben ja wirklich gar nichts falsch gemacht!	Die unzutreffende Zuschreibung, die Kinder wären „schuld" an der Störung, wird aufgedeckt (8).
Schlussfolgerung	Wenn ich abschließend überlege, was ich zukünftig anders machen würde, dann nehme ich mir konkret vor: Bei Planungen prüfe ich genau, ob ich die entwicklungspsychologischen Voraussetzungen der Kinder hinreichend beachtet habe, während der Situation möchte ich die Kinder aufmerksamer im Blick haben, ich will Kinder auf keinen Fall mehr für meine Fehler verantwortlich machen (auch nicht in Gedanken), ich möchte mich darin üben, flexibler und spontaner auf die Bedarfe der Kinder einzugehen. Dafür muss ich mir schon in der Vorbereitung Plan B und Plan C zurechtlegen. Abschließend muss ich feststellen, dass ich durch ein anderes pädagogisches Handeln den Streit zwischen Fredi und Annika vermutlich hätte verhindern können.	Es werden konkrete Handlungsalternativen erarbeitet (10), dabei werden unterschiedliche Perspektiven eingenommen (7). In der gesamten Reflexion werden die Aussagen konkret formuliert (2), die Vorgehensweise orientiert sich weitgehend an dem Reflexionszirkel »what? – so what? – now what?« (vgl. Kapitel 4.1), das methodische Vorgehen im Rahmen der Reflexion wird ansonsten nicht thematisiert (9).

9.3 Reflexion – je konkreter, umso ertragreicher

Die Reflexion in unserem Beispiel zeichnet sich durch ein hohes Maß an Konkretion aus. Es kann aber durchaus vorkommen, dass Formulierungen in Reflexionen zunächst eher allgemein ausfallen. Das kann verschiedene Ursachen haben:

- Es fehlt eine **konkrete Reflexionsfrage,** auf die sich die Darstellung beziehen soll. Insofern bedienen sich die Reflexionen allgemeiner Aussagen und bleiben dadurch zu nah an einer Beschreibung.
- Die Reflexion bezieht sich auf **innere Bilder**, die zuvor kaum sprachlich ausgedrückt wurden.
- Die Reflexion bezieht sich auf **intuitive Erfahrungen**. Derartige Erfahrungen entziehen sich oft der sprachlichen Konkretion, und es bedarf dann einer gewissen Anstrengung,

sie doch auf eine bewusste Ebene zu heben. Verallgemeinernde Ausdrücke scheinen hier ein (wenig hilfreicher) Ausweg zu sein (vgl. Kapitel 1.3).

- Der **Denkprozess ist noch nicht abgeschlossen** und verallgemeinernde Begriffe können als Indiz genutzt werden, um sich dessen bewusst zu werden.

Es ist durchaus denkbar, dass der persönliche Eindruck entsteht, alle Aussagen seien eindeutig und auch für Außenstehende nachvollziehbar. Insofern können die „verallgemeinernden Aussagen" in der folgenden Tabelle auch als **Signalsätze** fungieren, die darauf aufmerksam machen, dass eine Konkretion sicherheitshalber erfolgen sollte. Die „Hilfsfragen" in der rechten Spalte können dazu herangezogen werden (vgl. Thurmann 2021b).

Verallgemeinernde Aussage	Hilfsfragen, um die Aussage zu konkretisieren
Alle hatten ganz **viel Spaß.**	Woran war die Freude, der Spaß zu erkennen? Hatten alle den gleichen Spaß? Wodurch wurde der Spaß ausgelöst? War „Spaß" das eigentliche Ziel?
Ich konnte mich **gut** einlassen.	Was genau bedeutet „gut"? Woran wurde deutlich, dass es gut war?
Ich war mit dem **Ergebnis zufrieden.**	Was genau ist das Ergebnis? Worauf bezieht sich die Zufriedenheit konkret?
Ich würde **es** wieder genauso machen.	Was genau bedeutet „es"? Was genau soll sich wiederholen? In welcher Situation und mit wem soll genauso gehandelt werden? Wodurch kann man so sicher sein, dass eine Wiederholung sinnvoll ist?
Die Situation hat sich deutlich **verbessert.**	Was genau hat sich verändert? Was hat die Veränderung ausgelöst? Welche Auswirkungen hat die Veränderung? Wer hat welchen Beitrag zur Verbesserung geleistet?
Das hat mir **viel gebracht.**	Was genau hat „das" gebracht? Was ist jetzt anders als vorher? Wodurch ist es anders geworden?

9.4 Reflexionen bewerten

Niemand kann einen anderen
davon überzeugen, sich zu ändern.
Jeder von uns hat eine Tür zur Veränderung,
die nur von innen geöffnet werden kann.

Virginia Satir

In manchen Kontexten, insbesondere im Rahmen der Ausbildung (auch in der Praktikant*innenbegleitung), kommt es zu Situationen, in denen Reflexionen bewertet werden müssen. Der Umgang mit derartigen Bewertungen und die damit zusammenhängenden Rückmeldungen erfordern erhebliches Fingerspitzengefühl.

> Bei **Bewertungen von Reflexionen** muss mit viel Augenmaß vorgegangen werden, um Offenheit und ehrliche Auseinandersetzung zu befördern.

Nur wer sich uneingeschränkt sicher fühlt, wird in einer Reflexion auch offen und ehrlich seine Gedanken und Gefühle äußern. Ertragreiche Reflexionen legen Zeugnis von sehr persönlichen und individuellen Ansichten und Deutungen der Wirklichkeit ab. **Es verbietet sich daher, die Inhalte von Reflexionen zu bewerten.** Unangemessenes Feedback könnte die Bereitschaft, sich auf intensive Reflexionsprozesse einzulassen, dauerhaft gefährden.

Insofern können die angeführten Qualitätskriterien (siehe Seite 99f) ein wichtiges Werkzeug für die Ausbildung darstellen, indem sie einer Bewertung die notwendige Transparenz verleihen. Lernende erfahren dann bereits vor dem Verfassen einer Reflexion, worauf es ankommt.

Die Kriterien können ebenso genutzt werden, um die Lernenden darin zu unterstützen, zusätzlich Reflexionen über ihre eigenen Reflexionen anzufertigen. Sie führen dann quasi eine Meta-Reflexion durch, indem sie den Prozess ihrer Reflexion nochmals reflektieren. Das Ergebnis wäre vergleichbar mit der Anwendung der Qualitätskriterien auf die Reflexion im Beispiel in Kapitel 9.2.

Reflexion zum Abschluss: Ressourcen-Mindmap

Zum Abschluss finden Sie noch eine Reflexionsanregung, die geeignet ist, die eigenen Ressourcen und die zur Verfügung stehenden Unterstützungssysteme aufzuspüren. Viele Reflexionen sind darauf angelegt, die eigenen Kompetenzen zu erweitern und Lernen anzuregen. Es ist jedoch mindestens ebenso wichtig, regelmäßig einen „Boxenstopp" einzulegen, um bewusst wahrzunehmen, wie breit und tragfähig das Fundament ist, auf dem die Herausforderungen des Alltags gemeistert werden.

Überlegen Sie zu den verschiedenen Aspekten, die auf den Blütenblättern in der folgenden Abbildung vermerkt sind, was Sie bzw. Ihr soziales Netzwerk in besonderer Weise auszeichnet. Notieren Sie alle Aspekte, die Ihnen einfallen, jeweils stichwortartig neben den dazugehörenden Strängen. Lassen Sie sich Zeit – manch Wertvolles fällt einem oft erst nach einigem Überlegen ein. Hier ein Beispiel:

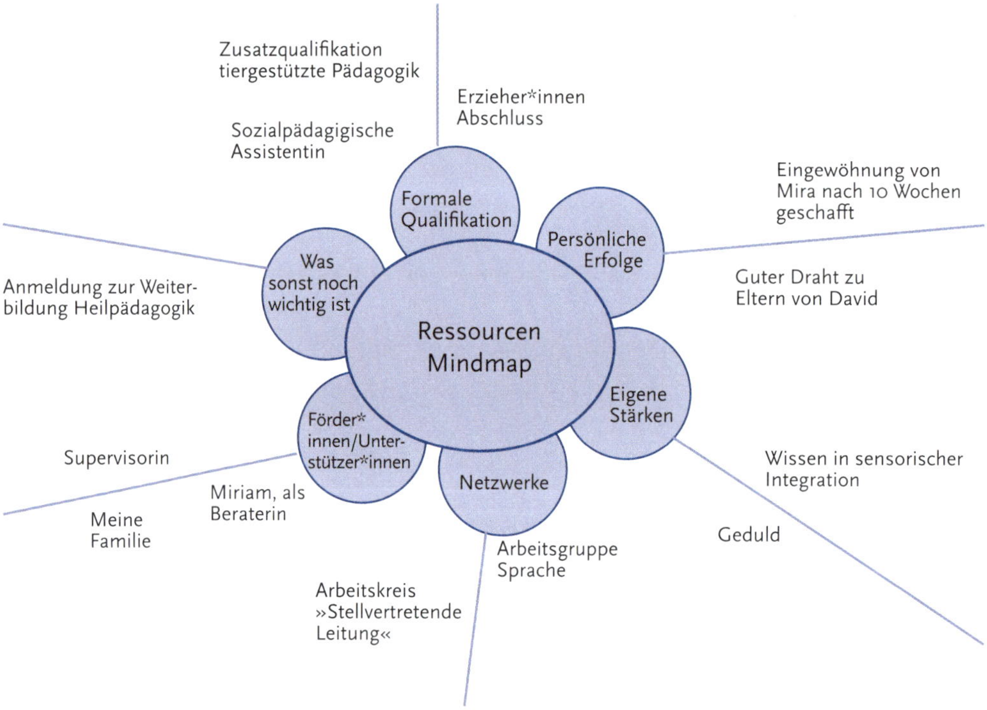

Abb. 16: Ressourcen-Mindmap in Aktion

Wenn Sie das Gefühl haben, Ihr Mindmap ist (vorläufig) fertiggestellt, dann betrachten Sie es noch einmal in Gänze. Die folgenden Fragen können die Reflexion noch intensivieren:

- Welche Gedanken oder Assoziationen gingen Ihnen bei der Erstellung durch den Kopf?
- Welche Gefühle haben Sie dabei jeweils bei sich wahrgenommen?
- Welche Äste sind besonders gut gefüllt, welche weniger?
- Inwiefern können Sie einen Bezug zwischen Ihrem Ressourcen-Mindmap und Ihrer aktuellen beruflichen Situation herstellen?
- Haben Sie etwas entdeckt, das Sie überrascht hat?

Austausch zu zweit: Suchen Sie sich ein Gegenüber, das Sie gut kennen und zu dem Sie Vertrauen haben. Stellen Sie Ihr Mindmap vor und laden Sie Ihre Gesprächspartnerin bzw. Ihren Gesprächspartner ein, Ergänzungsvorschläge zu formulieren – oder auch Konkretionsfragen zu stellen. Möglicherweise erkennt Ihr Gegenüber noch Ressourcen, die Sie entweder vergessen haben zu notieren oder die Ihnen selbst nicht bewusst sind.

Abschluss: Wenn Sie sich Ihr Ressourcen-Mindmap jetzt anschauen: Gibt es jemanden, bei dem Sie sich bedanken möchten? Wofür genau wollen Sie den Dank aussprechen und welche Form erscheint Ihnen dafür angemessen? Kleiner Tipp: Es lohnt sich, es nicht bei der Idee und dem Vorsatz zu belassen; vielleicht überrascht Sie die Reaktion!
(Vgl. Nowak 2016)

> Wer sich von der Wirkung eines tatsächlich ausgesprochenen Dankes überzeugen möchte, dem empfehle ich das Video:
> An Experiment in Gratitude/The Science of Happiness
> www.youtube.com/watch?v=oHv6vTKD6lg
> - Hier wird der Zusammenhang zwischen Glücksgefühlen und Dankbarkeit anhand eines Experiments thematisiert.

Literaturverzeichnis

Altrichter, H. (2000): Handlung und Reflexion bei Donald Schön. In: G.H. Neuweg (Hrsg.): Wissen – Können – Reflexion. Innsbruck: STUDIEN Verlag.

Ayres, J.A. (2016): Bausteine der kindlichen Entwicklung. 6. korr. Aufl. Berlin: Springer.

Bassot, B. (2016): The reflective practice guide. An interdisciplinary approach to critical reflection. London and New York: Routledge.

Bassot, B. (2020): Reflective Journal. 3rd Edition. London: Red Globe Press.

Bolton, G.E.J. & Delderfield, R. (2018): Reflective Practice. Writing and Professional Development. 5th Edition. London: SAGE Publications.

Borton, T. (1970): Reach, Touch, and Teach. Cambridge, Massachusetts: McGraw-Hill Book Company.

Brandl, E. (2018): Anleitungsgespräche führen. München: Don Bosco.

Coniunctum: www.coniunctum.de/trainer-berater (letzter Zugriff: 07.02.2022).

Delves-Yates, C. (2021): Beginner's Guide to Reflective Practice in Nursing. London: Sage Publications Ltd.

Dewe, B.; Ferchhoff, W.; Scherr, A. & Stüwe, G. (2001): Professionelles soziales Handeln. Soziale Arbeit im Spannungsfeld zwischen Theorie und Praxis. München: Juventa.

Dewey, J. (1951): Wie wir denken. Eine Untersuchung über die Beziehung des reflektiven Denkens zum Prozeß der Erziehung. Zürich: Morgarten Conzett.

Dörrie, D. (2019): Leben, schreiben, atmen: Eine Einladung zum Schreiben. Zürich: Diogenes.

Ebert, J. (2012): Reflexion als Schlüsselkategorie professionellen Handelns in der Sozialen Arbeit. Hildesheimer Schriften zur Sozialpädagogik und Sozialarbeit. Hildesheim: Georg Olms.

Feikert, L. (2014): Selbstreflexion in der Sozialen Arbeit. Ein Kernmerkmal professionellen Handelns. Saarbrücken: Akademiker Verlag.

Fialka, V. (2011): Handbuch Bildungs- und Sozialmanagement in Kita und Kindergarten. Freiburg: Herder.

Friebe, J. (2019): Reflektierbar. 100 Reflexionsmethoden für den Einsatz in Seminar und Coaching. Bonn: managerSeminare.

Fröhlich-Gildhoff, K. (2014): Was bedeutet Kompetenzorientierung in der Praxis? IFP-Fachtag „Kompetenzorientierung in der Weiterbildung". www.ifp.bayern.de/imperia/md/content/stmas/ifp/impulsfachtage/impulsfachtag_vortrag_froehlich.pdf (letzter Zugriff: 29.01.2022).

Fröhlich-Gildhoff, K.; Nentwig-Gesemann, I. & Pietsch, S. (2011): Kompetenzorientierung in der Qualifizierung frühpädagogischer Fachkräfte. München: DJI. www.weiterbildungsinitiative.de/fileadmin/Redaktion/Publikationen/WiFF_Expertise_Nr_19_Froehlich_Gildhoff_ua_Internet__PDF.pdf (letzter Zugriff: 02.01.2022).

Fröhlich-Gildhoff, K.; Nentwig-Gesemann, I.; Pietsch, S.; Köhler, L. & Koch, M. (2014): Kompetenzentwicklung und Kompetenzerfassung in der Frühpädagogik. Konzepte und Methoden. Materialien zur Frühpädagogik, Bd. 13. Freiburg: FEL.

Grochowiak, K. & Heiligtag, S. (2002): Die Magie des Fragens oder warum es keine unschuldigen Fragen gibt. Handbuch für kommunikative Kompetenz. Paderborn: Junfermann.

Gührs, M. & Nowak, C. (2014): Das konstruktive Gespräch. Ein Leitfaden für Beratung, Unterricht und Mitarbeiterführung mit Konzepten der Transaktionsanalyse. 7. überarb. und erw. Aufl. Meezen: Limmer.

Hagemann, M. & Rottmann, C. (2005): Selbst-Supervision für Lehrende. Konzepte und Praxisleitfaden zur Selbstorganisation beruflicher Reflexion. Weinheim und München: Juventa.

Hilzensauer, W. (2008). Theoretische Zugänge und Methoden zur Reflexion des Lernens. Ein Diskussionsbeitrag. bildungsforschung, Jahrgang 5, Ausgabe 2, URL: www.bildungsforschung.org/Archiv/2008-02/lernvermoegen/ (letzter Zugriff: 29.01.2022).

Hoch, R. (2016): 400 Fragen für systemische Therapie und Beratung. Weinheim, Basel: Beltz.

Honegger, M. & Beglinger, M. (2015): Muss schreibend reflektiert werden? Psychosoziale Berufsausbildungen, blinder Fleck und Scheiterkultur. In: M. Honegger, D. Ammann & Th. Hermann (Hrsg.): Schreiben und Reflektieren. Denkspuren zwischen Lernweg und Leerlauf. Bern: hep, S. 108–142.

Jansen, H: Reflexionstool innere Landkarte. https://lauf-rat.de/products/innere-landkarte (letzter Zugriff: 02.01.2022).

Johns, Ch. (2013): Becoming a reflective Practitioner. 4th Edition. Oxford: Wiley Blackwell.

Johns, Ch. (2017): Becoming a reflective Practitioner. 5th Edition. Oxford: Wiley Blackwell.

Kahnemann, D. (2012): Schnelles Denken, langsames Denken. München: Siedler.

Kanitz, A. von; Lotz, W. ; Menzel, B. ; Stollberg, E. & Zitterbarth, W. (Hrsg.) (2015): Elemente der Themenzentrierten Interaktion (TZI). Göttingen: Vandenhoeck & Ruprecht.

Klees, K. (o.J.): Sozialpädagogische Reflexionskompetenz. Von der Konstruktion über die professionelle Rekonstruktion zur Transformation von Bedeutungsperspektiven. https://aufwind-institut.com/wp-content/uploads/Reflexionskompetenz.pdf (letzter Zugriff: 27.08.2021).

Korthage, F.A. (2002): Schulwirklichkeit und Lehrerbildung. Reflexion der Lehrertätigkeit. Hamburg: EB-Verlag.

Kramann, H. (2020): Do it yourself: Selbstsupervision und Selbstcoaching. Ein Methodenkoffer für mehr Souveränität und Leichtigkeit im Beruf. Göttingen: Vandenhoek & Ruprecht.

Krause, Ch. (o.J.): „Der salutogenetische Blick". Fachstandard in der Arbeit von Erzieher/innen? Kita-Fachtexte. www.kindergartenpaedagogik.de/2163.pdf (letzter Zugriff: 08.11.2021).

Leu, H.R. (2014): Non-formales und informelles Lernen – unverzichtbare Elemente frühpädagogischer Professionalisierung. Eine Analyse vor dem Hintergrund des deutschen Qualifikationsrahmens, Bd. 40. München: Weiterbildungsinitiative Frühpädagogische Fachkräfte, WIFF.

Nentwig-Gesemann, I. (2007): Das Konzept des forschenden Lernens im Rahmen der hochschulischen Ausbildung von Frühpädagoginnen. In: K. Fröhlich-Gildhoff, I. Nentwig-Gesemann & P. Schnadt (Hrsg.): Neue Wege gehen – Entwicklungsfelder der Frühpädagogik. Basel: Ernst Reinhardt, S. 92–101.

Nentwig-Gesemann, I. & Fröhlich-Gildhoff, K. (2015): Kompetenzorientierung als Fundament der Professionalisierung frühpädagogischer Fachkräfte. In: A. König, H.R. Leu & S. Viernickel (Hrsg.): Forschungsperspektiven auf Professionalisierung in der Frühpädagogik. Empirische Befunde der AWiFF-Förderlinie. Weinheim: Beltz Juventa, S. 48–68.

Neuweg, G.H. (2020): Könnerschaft und implizites Wissen. Zur lehr- und lerntheoretischen Bedeutung der Erkenntnis- und Wissenstheorie Michael Polanyis. 4. aktual. Aufl. Münster: Waxmann.

Nowak, C. (2015): Geometrien der Veränderung. 70 Modelle für Führung, Coaching und Change-Management. Meezen: Limmer.

Nowak, C. (2016): Ressourcenmindmap. Unveröffentlichte Seminarunterlagen.

Pädagogische Hochschule Niederösterreich (2021): Werte leben, Werte bilden. Wertebildung im Kindergarten. Impulse für das pädagogische Handeln. www.noe.gv.at/noe/Kindergaerten-Schulen/Wertebildung_im_Kindergarten.pdf (letzter Zugriff: 01.02.2022).

Patrzek, A. (2015): Fragekompetenz für Führungskräfte. Handbuch für wirksame Gespräche. 6. Aufl. Wiesbaden: Springer.

Patrzek, A. & Scholer, S. (2018): Systemisches Fragen in der kollegialen Beratung. Weinheim: Beltz.

Pickert, U.: Themenzentrierte Interaktion. Unveröffentlichte Seminarunterlagen.

Pörksen, B. (2020): Fragen, die alles verändern. DIE ZEIT, Nr. 35, 75. Jahrgang, S. 50.

Possert, B. (2005): Das Wertequadrat und seine Darstellung. doppel:punkt 2/2005. https://vdocuments.mx/das-wertequadrat-und-seine-darstellung-doppel-punkt-22005-37-das-wertequadrat.html?page=1 (letzter Zugriff: 17.02.2022).

Reiser, H. (1995): Ein Modell zur Reflexion von Unterricht nach der Themenzentrierten Interaktion. In: H. Reiser & W. Lotz: Themenzentrierte Interaktion als Pädagogik. Mainz: Matthias-Grünwald, S. 125–146.

Rolfe, G.; Freshwater, D. & Jasper, M. (2001): Critical Reflection for Nursing and the Helping Professions. Houndmills: Palgrave.

Scharer, M. (2017): Ruth C. Cohns Themenzentrierte Interaktion (TZI) in der interreligiösen Begegnung. In: Th. Krobath, A. Shakir & P. Stöger (Hrsg.): Buber begegnen. Interdisziplinäre Zugänge zu Martin Bubers Dialogphilosophie. Wuppertal: Arco, S. 101–118.

Schlee, J. (2012): Kollegiale Beratung und Supervision für pädagogische Berufe. Hilfe zur Selbsthilfe. Ein Arbeitsbuch. 3. Aufl. Stuttgart: Kohlhammer.

Schlippe, A. von & Schweitzer, J. (2016): Lehrbuch der systemischen Therapie und Beratung I. Das Grundlagenwissen. 3. Aufl. Göttingen: Vandenhoek & Ruprecht.

Schmidt-Wenzel, A. (2012): Pädagogische Professionalität als Entwicklungsaufgabe. Eine empirische Analyse von Transformationsprozessen in einer Selbstlernarchitektur. In: D. Wrana & Ch. Maier Reinhard (Hrsg.): Professionalisierung in Lernberatungsgesprächen. Theoretische Grundlegungen und empirische Untersuchungen. Opladen: Barbara Budrich, S. 287–300.

Schmitz, L. (2016): Lösungsorientierte Gesprächsführung. Dortmund: modernes lernen.

Schön, D.A. (1983): The reflective Practitioner. How Professionals Think in Action. London: Temple Smith.

Schön, D.A. (1987): Educating the Reflective Practitioner. San Francisco/London: Jossey-Bass publishers.

Schulz von Thun, F. (1999): Miteinander reden 1. Störungen und Klärungen. Hamburg: Rowohlt.

Schüßler, I. (2008): Reflexives Lernen in der Erwachsenenbildung – zwischen Irritation und Kohärenz. Bildungsforschung, 5, 2, 22. www.pedocs.de/volltexte/2014/4595/pdf/bf_2008_2_Schuessler_Reflexives_Lernen_Erwachsenenbildung.pdf (01.02.2022).

Spiegel, H. (1993): Aus Erfahrung lernen. Qualifizierung durch Selbstevaluation. Münster: VOTUM.

Spiegel, H. (2011): Methodisches Handeln in der Sozialen Arbeit. Grundlagen und Arbeitshilfen für die Praxis. München: Ernst Reinhardt.

Stahlmann, M. (2000): Handeln: Pädagogisches Handeln als Wagnis. In: H. Kupffer u.a.: Erziehung als offene Geschichte. Weinheim: Beltz, S. 77–108.

Stangl, W. (2021): Stichwort: Intuition. Online Lexikon für Psychologie und Pädagogik. https://lexikon.stangl.eu/3540/intuition (letzterZugriff: 01.09.2021).

Stewart, I. & Joines, V. (2000): Die Transaktionsanalyse. Eine Einführung. Freiburg: Herder Spektrum.

Straß, U. (2007): Hilfreiches Fragen. Praxisbuch für hilfreiche Gespräche in Lern- und Veränderungsprozessen. Norderstedt: Books on Demand GmbH.

Thompson, S. & Thompson, N. (2018): The Critically Reflective Practitioner. 2nd Edition. London: Palgrave.

Thurmann, B. (2021a): Reflexionstool für pädagogische Berufe. Freiburg: Herder.

Thurmann, B. (2021b): Reflexionstool – Onlinematerial. www.herder.de/-/media/files/zeitschriften/kg/downloads/kindergarten-heute-reflexionstool-fuer-paedagogische-fachkraefte-download-vertiefende-methoden-und-anwendungsbeispiele.pdf (letzter Zugriff: 08.02.2022).

Tietze, K.-O. (2016): Kollegiale Beratung. Problemlösungen gemeinsam entwickeln. Hamburg: Rowohlt.

Tov, E.; Kunz, R. & Stämpfli, A. (2016): Schlüsselsituationen der Sozialen Arbeit. Professionalität durch Wissen, Reflexion und Diskurs in Communities of Practice. 2. überarb. Aufl. Bern: hep.

Vogel, G. (2013): Selbstcoaching konkret. Ein Praxisbuch fur soziale, padagogische und pflegerische Berufe. München: Ernst Reinhardt.

Wadepohl, H. (06.2015) Professionelles Handeln von frühpädagogischen Fachkräften. Kita-Fachtexte. www.kita-fachtexte.de/fileadmin/Redaktion/Publikationen/KiTaFT_Wadepohl_2015.pdf (letzter Zugriff: 07.02.2022).

Wareing, M. (2017): 'Me, my, more, must: A values-based model of reflection'. Reflective Practice, 18.2, 268–279.

Wedewardt, L. & Hohmann, K. (2021): Kinder achtsam und bedürfnisorientiert begleiten. Freiburg: Herder.

Wyss, C. & Ammann, D. (2015): Rundum reflektieren. Von der praktischen Erfahrung zum planvollen Handeln. In: M. Honegger, D. Ammann & Th. Hermann (Hrsg.): Schreiben und reflektieren. Denkspuren zwischen Lernweg und Leerlauf. Bern: hep, S. 49–81.